Para
Rosita.

# Invitación

Relatos de la
vida real que
cambiarán
su destino

## ALEJANDRO BULLÓN

**Pacific Press® Publishing Association**
Nampa, Idaho
Oshawa, Ontario, Canada
www.pacificpress.com

Director editorial: Miguel Valdivia
Redacción: Ricardo Bentancur
Diseño de la portada: Gerald Lee Monks
Arte de la portada: Nancy Hamilton Myers
Diseño del interior:  Diane de Aguirre

A no ser que se indique de otra manera, todas las citas de las Sagradas Escrituras están tomadas de la versión Reina-Valera, revisión de 1960.

Primera edición:  2007


ISBN 13: 978-0-8163-9348-0
ISBN 10: 0-8163-9348-6
Printed in the United States of America


08 09 • 03 02

# Contenido

# ¡UN CURSO GRATUITO PARA USTED!

Si la lectura de este libro lo inspira a buscar la ayuda divina, tiene la oportunidad de iniciar un estudio provechoso y transformador de las Escrituras, sin gasto ni compromiso alguno de su parte.

Llene este cupón y envíelo por correo a:
   La Voz de la Esperanza
   P. O. Box 53055
   Los Angeles, CA 90053
   EE. UU. de N. A.

✂ - - - - - - - - - - - - - - - copie o corte este cupón - - - - - - - - - - - - - - -

Deseo inscribirme en un curso bíblico gratuito por correspondencia:

   ❏ Hogar Feliz (10 lecciones)
   ❏ Descubra (26 lecciones)

Nombre_____

Calle y N°_____

Ciudad_____

Prov. o Estado_____

Código Postal (Zip Code)_____

País_____

# ¡No te muevas
## ni respires!

*N*ada le hacía prever que aquella tranquila tarde se tornaría la más dramática de su vida. Llovía. El expediente del día había llegado al fin. Mauro se dirigía a la plaza de estacionamiento donde acostumbraba dejar su automóvil. A los 58 años de edad, el hombre de cabellos grisáceos y arrugas en la frente se consideraba un vencedor.

Sus padres habían emigrado al país cuando él era un niño. Durante los primeros años en la nueva patria la familia había pasado mucha necesidad. Esos eran otros tiempos. Las cosas habían cambiado. La vida había sido buena con él. De un simple vendedor ambulante se había transformado en el dueño de una lucrativa cadena de tiendas de ropa. Era un hombre rico y satisfecho con la vida.

Aquella tarde, sin embargo, cambiaría radicalmente el rumbo de su historia. Salió del estacionamiento al timón de su poderoso Vectra, de color plomo, con vidrios polarizados. El tránsito era infernal, como en toda ciudad grande a la hora en que los negocios cierran y las personas retornan a sus hogares. Automáticamente Mauro siguió el camino de siempre. Estaba cansado. Lo que más deseaba en ese momento era llegar a la casa, meterse en la ducha y sentir el agua resbalando por su cuerpo. Era un hombre de hábitos definidos. Casi nunca cambiaba la rutina de su vida. Hasta aquel día. Después de aquella tarde, Mauro nunca más sería el mismo.

Todo sucedió con rapidez asombrosa. La operación completa no debe haber demorado más de dos minutos. Cuando la Cherokee negra le cerró el paso, Mauro pensó que estaba delante de un conductor distraído. Levantó la mano en señal de protesta y gritó:

— ¡Hey! Mira por donde andas.

Ya era tarde. Se vio obligado a desviar el auto para un lado de la calle y frenar bruscamente. Atrás de él había una camioneta oscura de donde salieron tres hombres armados. Lo forzaron a entrar al asiento trasero de la Cherokee. Adentro, alguien le colocó una capucha y lo obligó a echarse al piso.

A esas horas de la tarde ya había oscurecido. En la camioneta las cosas estaban más oscuras todavía. No lograba razonar. Instintivamente sabía que estaba siendo secuestrado. Sentía el cañón de un revólver en su nuca, provocándole dolor. No entendía lo que estaba sucediendo.

—¿Qué quieren? ¿Adónde me llevan? —preguntó sin esperar respuesta.

Una voz grave le dijo: "No te vamos a hacer daño si colaboras. Ahora cállate. No digas nada. No te muevas ni respires".

Los minutos que siguieron le parecieron una eternidad. Había oído historias de secuestros. Inclusive había sido aconsejado a no seguir todos los días el mismo camino. Le habían sugerido contratar hombres de seguridad. A él, todo eso le parecía innecesario. Nunca imaginó que pudiera ser una víctima más de la violencia que prolifera como una plaga en los grandes centros urbanos.

El temor se apoderó de su corazón. No tuvo noción del tiempo que demoró en llegar a su misterioso destino. Sin quitarle la capucha, le ataron las manos y lo encerraron en un lugar oscuro. No le dijeron nada. Ninguna amenaza, ninguna explicación. Sólo silencio. Un silencio cruel. La peor arma que los delincuentes usan para dominar psicológicamente y transformar al secuestrado en una víctima sumisa y obediente.

Estuvo horas en esa situación. Lloró en silencio. Clamó por la misericordia divina, a pesar de no ser una persona religiosa. Pidió ayuda. Casi imploró que le permitiesen ir al baño. Nadie le hizo caso. Sus secuestradores estaban en otro cuarto. Podía escucharlos. Parecían estar celebrando el éxito de sus planes siniestros.

Durmió de cansancio, con los pantalones mojados, atemorizado, sin saber dónde estaba. Ni siquiera imaginaba lo que querían aquellos hombres.

Al despertar continuaba con la capucha. Respiraba con dificultad. No veía nada. Se levantó y empezó a andar a ciegas dentro de la habitación. Percibió que estaba en un cubículo de no más de quince metros cuadrados. Tuvo la sensación de que iba a enloquecer. ¿Qué sería lo que los delincuentes planeaban? Si al menos ellos hablaran, él podría ubicarse en medio del remolino de pensamientos que flotaban en su mente.

Los secuestradores sabían lo que estaban haciendo. Eran profesionales. Lo primero que había que hacer con la víctima era aterrorizarla, tornarla insegura y dócil para que colaborase en la obtención del rescate.

Horas después, los delincuentes le permitieron bañarse, cambiarse de ropa y comer un pedazo de pizza fría. Después lo llevaron a otro cuarto donde había una cama y un colchón. Fue la primera vez que alguien le explicó lo que estaba sucediendo. En un lenguaje lleno de expresiones propias del submundo del crimen, el hombre de la voz grave con el rostro cubierto y con un revolver en la mano le dijo:

—Nada te va a pasar si tú y tu familia colaboran. No salgas de este cuarto. No intentes huir. Te vamos a dar comida y permitir que vayas al baño bajo vigilancia. Todo eso termina si cometes alguna tontería. Nada puedes hacer. Estás totalmente bajo nuestro control. Lo mejor de tu parte es ayudarnos para que esto se termine cuanto antes.

A partir de ese momento nadie más habló con él. Le daban pizza, hamburguesas y refrescos en lata diariamente. Una semana después le pidieron escribir una nota para sus familiares, solicitando que pagasen el rescate que los secuestradores exigían. Le tomaron una foto sosteniendo un periódico del día y dejaron de hablar con él.

Fueron días y noches interminables. Horas angustiosas y desesperantes. Semanas largas que lo llevaron a perder la noción del tiempo. Estaba enflaquecido por fuera y envenenado por dentro. Odio, deseos de matar, amargura, sentimientos de los cuales nunca había tenido conciencia, estaban ahí a flor de piel, doliendo como si fueran heridas expuestas.

Esos delincuentes se sentían los dueños del mundo. Para ellos, Mauro no pasaba de ser un objeto. Un saco de papas que venderían por dos millones de dólares. Era lo que pedían. La familia no lograba reunir tanto dinero. La demora llevó a los secuestradores a tomar una medida extrema.

Ingresaron un día furiosos, vociferando, y lo desmayaron de un golpe. Al despertar, Mauro sintió un dolor terrible en la oreja izquierda. Percibió una cosa húmeda resbalando por su cuello. Sangraba. Se tocó instintivamente, y comprobó lo que presentía. Le habían cortado un pedazo de la oreja para presionar a la familia y "probar" que no estaban bromeando.

El pedazo de oreja enviado por los secuestradores provocó el desenlace final de los acontecimientos. Pasadas 48 horas, la familia pagó medio millón de dólares y Mauro fue abandonado en un poblado de la periferia, dos meses después de la trágica tarde del secuestro.

Cualquier persona, al verse libre de una situación semejante, agradecería a Dios, abrazaría emocionado a sus amados y trataría de olvidar lo que pasó. Mauro reaccionó de modo diferente: Con frialdad a las expresiones de cariño de sus amigos y parientes. Cumplió mecánicamente sus entrevistas con la policía y de la prensa. Fue lacónico. Sus respuestas, casi monosilábicas, irritaban. No se inmutaba con nada.

Los días transcurrían. Mauro parecía un zombi. Ensimismado, pasaba horas encerrado en su dormitorio. No trabajaba. Parecía haber perdido el interés por la vida. Nadie era capaz de entrar en el mundo silencioso de sus pensamientos, ni siquiera el nieto de diez años a quien amaba mucho.

—¿En qué piensas abuelo? —preguntaba el niño, sin tener noción del infierno que había vivido aquel hombre.

—Nada, hijo —decía emocionado y lloraba abrazando al único ser humano que era capaz de tocar sus sentimientos adormecidos.

* * *

Acostado, con los ojos abiertos, en la oscuridad del dormitorio, Mauro dirigía la mirada hacia arriba como si quisiese dibujar en el techo la imagen del único rostro que había visto en las ocho semanas de cautiverio. Era un rostro mulato, redondo, demasiado joven para tener la prominente calva que dejaba expuesta la cicatriz de unos cinco centímetros en la frente.

Había una mezcla de sentimientos en su corazón. Quería olvidar lo que había sucedido. Le hacía mal. Al mismo tiempo se aferraba al recuerdo del rostro. Si acabara con la vida de aquel hombre quedaría libre de la prisión en la que ahora se encontraba cautivo. El deseo de venganza y justicia por cuenta propia iba cobrando fuerza en su corazón cada día.

Las semanas pasaron. Mauro fue retornando al trabajo y a la rutina diaria. Tres meses después las cosas habían vuelto a la normalidad, a no ser por un detalle. Desaparecía durante horas. Nadie sabía adónde iba. Era un misterio. Él nunca había tenido esa actitud antes del secuestro. Ahora parecía esconder un secreto. La familia pensaba que él tenía una relación extramatrimonial. Estaban equivocados.

Mauro andaba por la ciudad. Buscaba lugares de mucha congestión humana. Tomaba el ómnibus, el tren, el metro y se movía de un lugar a otro. Cualquiera que lo siguiese tendría dificultad para entender lo que hacía. Simplemente andaba. Observaba a las personas. ¿Qué buscaba? Ni él mismo lo sabía definir. Vivía obsesionado por un rostro. El único rostro que recordaba. Aquel grupo de delincuentes había marcado su vida para siempre. Inconscientemente, la única motivación de su vida en los dos últimos años había sido el deseo de vengarse de aquellos hombres.

Fue una tarde de sol brillante y 38 grados de temperatura. Finalmente encontró lo que buscaba. Parado en la puerta de un bar, bebía una botella de agua. Observaba a los transeúntes. Hombres y mujeres se movían de un lado para otro. Parecía una multitud de peces dentro de un pequeño acuario.

Súbitamente, su corazón se aceleró. Casi dejó caer la botella. Era él. Sin ninguna duda, aquél era el rostro. No lo olvidaría nunca. Aunque viviese un millón de años. Sintió miedo, terror, odio y ganas de arrojarse encima de aquel hombre. Pero se controló.

Dos años de búsqueda. Encontrar a aquel hombre había sido como hallar una aguja en un pajar. No. La oportunidad era demasiado preciosa para desperdiciarla. Quiso gritar, llamar a la policía, decirle a todo el mundo que aquel hombre aparentemente inofensivo era un secuestrador peligroso, pero tuvo la suficiente sangre fría para controlarse. Nunca imaginó que fuese capaz de reaccionar con tanta frialdad. Se sorprendió con una personalidad extraña que había permanecido oculta dentro de sí hasta aquel día.

Instintivamente, se vio siguiendo al hombre. De lejos. Atento a todos los detalles para no perderlo de vista. Como una fiera sigue a la presa, acompañó los movimientos de uno de sus secuestradores. El supuesto delincuente llegó hasta la estación central del tren. Tomó una línea hacia el suburbio. Después entró a un ómnibus. No percibió que lo seguían. Al descender del ómnibus, caminó 300 metros. Entró a una casa amarilla de dos pisos. Enfrente de la casa había un terreno baldío donde unos muchachos jugaban fútbol. Mauro se sentó a mirar el juego. En realidad, su atención estaba concentrada en la casa amarilla. A su lado había una niña de aproximadamente diez años. Disimuladamente le sacó información.

Satisfecho, desapareció del lugar. Ya era tarde y empezaba a oscurecer. De vuelta al centro de la ciudad, en el interior de un taxi, sintió una extraña sensación de alivio. Sabía bien lo que iba a hacer. Lo había planeado durante dos años. En todo ese tiempo, era la primera vez que se sentía contento.

\* \* \*

El hombre que aguardaba apareció puntualmente a las seis de la tarde. Mauro estaba sentado en un banco del enorme parque recreativo de la ciudad. Había mucha gente a esa hora. Gente que andaba y corría. Muchachos en patines y en bicicleta. Parejas que se enamoraban ajenas al intenso movimiento de las personas.

—Llámame "Negão" —dijo el desconocido.

Aquel hombre, pertenecía a una cuadrilla de exterminio. No quería ser identificado. Existen muchos grupos así. Son asesinos profesionales de alquiler. Hacen cualquier tipo de trabajo sucio por una buena cantidad de dinero.

El extraño personaje vestía jeans, camiseta negra y calzado deportivo. Usaba un gorro negro de cuero y lentes oscuros. Era alto, fuerte y de pocas palabras.

El acuerdo fue sellado. Los justicieros identificarían y matarían a todo el grupo de secuestradores. Mauro pagaría por el "servicio". La mitad del dinero sería entregado al día siguiente. La otra mitad cuando él, personalmente, pudiese ver los cadáveres.

Hay actitudes que el propio hombre no comprende: ¿Por qué alguien que hasta aquel momento había sido un ejemplo de buen comportamiento actuaba de esa manera? Para él era un misterio, pero la Biblia afirma: "Engañoso es el corazón más que todas las cosas, y perverso; ¿quién lo conocerá?" (Jeremías 17:9). Cualquiera que conociera a Mauro habría tenido dificultad para creer que aquel hombre, padre ejemplar, esposo fiel y buen amigo, estuviese planeando de manera fría aquel acto horrendo. Todos nos sorprendemos con las actitudes incoherentes de las otras personas. Olvidamos que dentro de nosotros vive adormecida una fiera capaz de realizar las peores acciones. Ningún ser humano está libre de eso. Todos nacemos con naturaleza pecaminosa. Es una tendencia innata hacia el mal. No podemos librarnos de ella por métodos humanos. La cultura, la educación y la autodisciplina pueden arreglar las cosas por fuera, pero no pueden cambiar el interior del ser humano. En el mundo escondido de los pensamientos y sentimientos íntimos, la fiera está lista para atacar al menor descuido. Es lo que el apóstol Pablo escribió: "¡Miserable de mí! ¿Quién me librará de este cuerpo de muerte?" (Romanos 7:24). Más tarde, él confirmó esta verdad: "No hay justo, ni aun uno… No hay quien haga lo bueno, no hay ni siquiera uno" (Romanos 3:10, 12).

Mauro estaba sintiendo en carne propia esta dolorosa realidad, aunque no era consciente de ello. Hasta el momento del secuestro la fiera interior había vivido agazapada dentro de su corazón, esperando la hora oportuna para atacar. La hora había llegado. El sufrimiento y las humillaciones que había pasado en manos de los delincuentes habían despertado un ser capaz de odiar, de vengarse, de hacer justicia con las propias manos y de planear un crimen bárbaro.

Por esas coincidencias de la vida, pasaron dos meses desde que encontró al hombre del rostro hasta ver la sed de venganza satisfecha. Durante ese tiempo recibía informes periódicos de "Negão". El grupo de exterminio había empezado a buscar a los malhechores, a partir de los datos proporcionados por Mauro. Uno a uno los secuestradores fueron identificados, silenciosa y sigilosamente, hasta que el último fue encontrado.

\* \* \*

A las tres de la madrugada de un caluroso amanecer de verano, el celular de Mauro vibró. Se levantó sin hacer ruido y fue a atender la llamada a la sala.

—Tienes una hora para llegar aquí —le dijo la voz pegajosa de "Negão—. Tenemos los seis "paquetes" y necesitamos deshacernos de ellos antes de que salga el sol —añadió, refiriéndose a los cadáveres de los secuestradores, cinco hombres y una mujer.

El trato era que Mauro debía ver los cadáveres antes que fuesen quemados. Sólo así entregaría la última mitad del dinero.

Mientras se dirigía a alta velocidad hacia el lugar indicado, tuvo un segundo de lucidez. ¿Y si aquellos exterminadores estaban mintiendo? ¿No podrían matarlo a él y apoderarse del dinero? Sacudió la cabeza intentando ahuyentar aquel pensamiento. Ya había ido demasiado lejos. Era tarde para volver atrás.

En menos de cincuenta minutos recorrió 73 kilómetros. Atravesó la ciudad sin respetar los semáforos, después tomó una carretera estrecha de sentido único. Los últimos once kilómetros los recorrió por un camino de tierra, pedregoso y lleno de curvas. Finalmente vio la luz de un carro estacionado. Se encendía y se apagaba. Era la señal convenida. Mauro estacionó el automóvil. Temblaba. Sudaba, presintiendo instintivamente que iba a suceder algo terrible. Había cuatro hombres en pie. Negão era uno de ellos. Fue el único que habló.

—Ahí están, míralos bien, llevó tiempo identificarlos y ubicarlos, pero el primero "cantó" —dijo, refiriéndose al mulato que Mauro reconocía.

Los exterminadores lo habían secuestrado y torturado para descubrir al resto de la pandilla.

Los seis cadáveres estaban ordenados en el suelo, con el rostro para arriba. Mauro comenzó a verlos uno a uno mientras Negão alumbraba con una linterna. De repente el corazón casi se le salió por la boca.

—¡Espera! ¡Espera! —dijo. Tomó la linterna en sus manos para alumbrar de nuevo el rostro del cuarto cadáver. Sintió que la tierra temblaba bajo sus pies. Casi gritó de dolor. No era nada físico, era un dolor emocional.

—¡No puede ser! —gritó—. Ustedes se equivocaron, cometieron un error terrible, este hombre es mi mejor amigo. ¡No puede ser!

Por primera vez la voz de Negão parecía humana:

—Nosotros no nos equivocamos —dijo, consolador—. Debe ser doloroso para ti pero éste, tu mejor amigo, fue el que pagó a la pandilla y se quedó con la mayor parte del rescate.

Mauro tuvo ganas de vomitar. Empezó a llorar desgarradoramente. Corría de un lado para otro gritando:

—Tú no, miserable. Tú no puedes haberme hecho eso

Los exterminadores, antes de deshacerse de los cadáveres, le dijeron:

—Desaparece, o te vas a meter en problemas.

Mauro entró a su auto y partió como loco. Corría a una velocidad exagerada. No le importaban las señales de tránsito ni el riesgo en que colocaba su propia vida. Al contrario, daba la impresión de que buscaba la muerte. Anduvo sin rumbo hasta que el combustible se le acabó y el automóvil se detuvo. La policía de tránsito lo encontró allí en la carretera, durmiendo sobre el volante, como si hubiese sufrido un accidente.

Cuando lo despertaron, hablaba cosas incoherentes. Cambiaba constantemente de tema. Era evidente que sufría de alguna alteración mental. Sólo fue posible identificarlo gracias a los documentos que traía consigo.

Ya era de noche cuando la familia fue notificada sobre el paradero de Mauro. Los hijos mayores corrieron hasta la estación de policía donde él exigía que lo detuviesen.

—Soy un asesino —gritaba—. Préndanme. Merezco pudrirme en la cárcel. Acabo de matar a mi mejor amigo y merezco morir.

Al ser interrogado, no daba informaciones ni detalles del supuesto delito. Sólo lloraba y se golpeaba la cabeza contra la pared.

* * *

Meses después, la situación de Mauro era deprimente. Pasaba noches y días sin dormir. Gritaba como un lobo durante las noches. Salía al jardín y andaba alrededor de la piscina incansablemente. Nadie podía explicar lo que le sucedía. La familia lo había llevado a los mejores especialistas. Le daban calmantes poderosos para hacerlo dormir, pero los resultados no eran nada alentadores.

Transcurrieron años. Con el pasar del tiempo fue transformándose en una persona agresiva y peligrosa a veces, y apática e indiferente otras veces. Parecía un autista, se negaba a comer. Quedaba con la vista fija en un punto indefinido durante horas.

Fueron diez años dolorosos para los seres que lo amaban. Gran parte de ese tiempo lo pasó en clínicas para enfermos mentales. Pero en los últimos meses del décimo primer año pareció estar más repuesto. Los médicos creían que algunos días de convivencia con la familia le harían bien. Pero estaban equivocados. Aprovechando un descuido, Mauro ingirió todo un frasco de calmantes. No murió. La esposa lo descubrió a tiempo para llevarlo al hospital más cercano.

Las fiestas navideñas de aquel año fueron las más tristes para la familia. La vida cómoda que aquel hombre les había proporcionado durante años de trabajo honesto, se veía amenazada por el dolor terrible de ver al esposo y padre amado en una situación tan deprimente. Éste había sido el tercer intento de suicidio desde que había entrado en ese estado de locura.

¿Qué había pasado aquella madrugada misteriosa? ¿Adónde había ido? ¿Qué sería lo que provocó aquel colapso mental? Todos trataban de relacionar las súbitas desapariciones después del secuestro con la experiencia dramática que estaba viviendo. Nadie llegaba a una conclusión que tuviese sentido.

El tercer intento de suicidio llevó a la familia a buscar una clínica cristiana. Era un retiro para personas con problemas de depresión, administrado por la iglesia Adventista del Séptimo Día. Estaba ubicada en las laderas de una montaña majestuosa, a casi 2.500 metros de altura sobre el nivel del mar. Empresarios, artistas y personas famosas habían encontrado paz y recuperación en aquel lugar. Daban las mejores recomendaciones. La familia, dominada por algunos prejuicios, anteriormente había descartado la posibilidad de acudir a ella. Sin embargo, el impacto emocional terrible que provocó en la familia el último incidente derrumbó todas las barreras. Mauro fue conducido a ese retiro.

Allí le cambiaron el tratamiento. Le administraban cada vez menos psicofármacos. Realizaba largas caminatas diarias. Su alimentación era a base de frutas, cereales y verduras. Tenía, además de la asistencia de los especialistas médicos, la atención de un consejero espiritual.

El consejero percibió que Mauro pasaba la mayor parte del tiempo en su cuarto. No participaba de las actividades en grupo, con excepción de aquellas que eran parte del tratamiento. Ensimismado, lloraba en silencio. El consejero tenía mucha dificultad para comunicarse con él. Sus respuestas eran cortas. Evidentemente no quería ningún tipo de conversación.

Un día, el consejero se acercó. Mauro descansaba debajo de la sombra de un flamboyán.

—Sólo quiero que me escuches —le dijo amigablemente—. Te voy a contar una historia. Si no te gusta, sólo dímelo y no te importunaré.

Mauro movió los hombros con indiferencia. El consejero comenzó a hablar:

—*Había una vez un rey. Era el rey de una nación poderosa. Un día, mientras su ejército estaba en la batalla, subió a la azotea de su palacio y vio a la esposa de uno de sus principales generales, bañándose al calor del sol. Tú sabes cómo son las cosas del corazón. El rey se enamoró de esta mujer casada. Al principio luchó con sus sentimientos, pero en vez de ahuyentarlos los fue acariciando hasta que se transformaron en un deseo incontrolable. Como era el rey y tenía todo el poder, ninguna mujer del reino se atrevía a negársele; y ambos pecaron. Más tarde, cuando el rey se encontraba solo,* sintió un dolor extraño en el corazón. No era algo físico. Parecía que un peso enorme lo aplastaba. No podía dormir. Lloró, porque sabía que su conducta era incorrecta y eso lo atormentaba. Pero, bueno, al menos nadie lo había visto. Todo quedaría en el olvido. Algunas semanas después recibió una noticia que lo asustó.

—Estoy embarazada —le dijo la mujer—. Y no tengo ninguna explicación que dar. Mi esposo está en la batalla. No lo veo desde hace un buen tiempo.

El rey casi enloqueció. ¿Qué explicación daría a su pueblo? ¿Por qué se había quedado con esposa de un general que estaba luchando por él? Su imagen se mancharía y su reino correría graves riesgos. No, el pueblo no podía enterarse de lo que había sucedido. Durante días aquel rey urdió todo tipo de planes para encubrir su pecado. Todas sus intenciones fallaron. Entonces, en su desesperación, hizo algo que nunca había pensado que sería capaz de hacer. Mandó matar a su general. Después, en un aparente acto de bondad, se casó con la viuda, alegando que lo menos que podía hacer por su general muerto en batalla era cuidar a su esposa.

¿Estaba todo resuelto? Aparentemente sí. Delante de los hombres tal vez. A partir de aquel día el rey trató de olvidar el crimen que había cometido.

Se repetía a cada momento que nada había pasado. Intentaba justificar, explicar y racionalizar su pecado. Nada le daba resultado. Su pecado estaba siempre atormentándolo, de día y de noche. La Biblia dice: "Aunque te laves con lejía, y amontones jabón sobre ti, la mancha de tu pecado permanecerá aún delante de mí, dijo Jehová el Señor" (Jeremías 2:22). Para el pecado sólo existe una solución: Arrepentirse, confesarlo y abandonarlo. El sabio Salomón ya lo dijo hace mucho tiempo: "El que encubre sus pecados no prosperará; mas el que los confiesa y se aparta alcanzará misericordia" (Proverbios 28:13). El rey no lo sabía, o por lo menos, no era consciente de esta realidad. Durante varios días trató de ocultar su pecado. Un día, se presentó delante de él un profeta y le dijo:

—*Rey, por favor ayúdeme, tengo un dilema. No sé qué medida tomar.*

*El rey se dispuso a ayudarlo:*

—*Cuéntame, ¿cuál es el problema?*

—*En una ciudad* —*empezó diciendo el profeta*— *había un hombre rico que tenía muchas ovejas y había también un hombre pobre que tenía una sola ovejita a la que había criado como si fuese parte de la familia. Un día llegó un visitante a la casa del rico, y éste mató la única oveja del hombre pobre a fin de preparar un potaje para su amigo. ¿Qué deberíamos hacer con el hombre rico?*

*El rostro del rey se enrojeció de indignación. Con aire justiciero dijo:*

—*Ese miserable debe morir.*

*Hubo silencio. Un silencio tan grande que parecía doler. El profeta miró al rey con amor y le dijo:*

—*Tú eres ese hombre, mi rey. Tú tenías todas las mujeres del reino y tomaste la única esposa de tu general.*

*El rey sintió como si alguien le hubiese dado un golpe en la cabeza. El corazón parecía que se le iba a salir por la boca. Se vio desnudo. La vergüenza de su pecado estaba expuesta. Salió de la presencia del profeta. Corrió como un loco, gritando en el silencio de la noche:* "*Soy un asesino, merezco morir, mis manos están manchadas de sangre*".

*Entró a una cueva. Allí se arrodilló y siguió llorando a gritos:* "*Ten piedad de mí, oh Dios, conforme a tu misericordia; conforme a la multitud de tus piedades borra mis rebeliones… Porque yo reconozco mis rebeliones, y mi pecado está siempre delante de mí. Contra ti, contra ti sólo he pecado, y he hecho lo malo delante de tus ojos…*" (Salmo 51:1, 3, 4).

*No sabemos cuánto tiempo el rey estuvo en aquella cueva. Cuando salió, tenía paz en su corazón. Era un hombre nuevo. Había sido perdonado. Un nuevo día amaneció en su vida y partió de vuelta para su palacio, dispuesto a disfrutar la vida al lado de las personas que amaba.*

Mauro tenía los ojos perdidos en el vacío. Las lágrimas corrían a raudales por sus mejillas. El consejero le colocó la mano en el hombro. El enfermo seguía llorando, esta vez casi a gritos. El consejero esperó que se calmara y le leyó una promesa bíblica: "Si confesamos nuestros pecados, él es fiel y justo para perdonar nuestros pecados, y limpiarnos de toda maldad" (1 Juan 1:9).

El consejero sabía que había tocado el punto neurálgico. Aquel hombre cargaba un sentimiento de culpa terrible. La culpa es capaz de paralizar y destruir. Es como un martillo que te crucifica todos los días en el madero de tu propia conciencia. Hay gente que camina por las calles de las grandes ciudades, atormentada por la culpa. Gente que se entrega al abandono. Muchas veces acaba en el suicidio.

A partir de aquel día Mauro se aproximaba al consejero cada vez que lo veía solo. No decía nada, simplemente se sentaba junto a él. El consejero le leía promesas bíblicas de perdón como ésta: "Venid luego, dice Jehová, y estemos a cuenta: si vuestros pecados fueren como la grana, como la nieve serán emblanquecidos; si fueren rojos como el carmesí, vendrán a ser como blanca lana" (Isaías 1:18).

Un día, el consejero lo invitó a orar. Colocó la mano en el hombro de Mauro y suplicó a Dios:

— Señor, este hombre es tu hijo. Necesita tu misericordia y tu perdón. Yo no conozco su vida, pero sé que el peso de la culpa lo está destruyendo. Por favor, Señor, sé clemente y perdona sus pecados.

La oración fue interrumpida. Mauro empezó a llorar a gritos:

—Soy un asesino —dijo—. Oh Dios mío, soy un asesino. No merezco vivir, quítame la vida, quiero acabar con este infierno de vida.

El consejero lo abrazó bien fuerte y le susurró a los oídos:

—Tú no necesitas morir. Jesús ya murió y pagó el precio de tus pecados.

—No puede ser —repetía Mauro—. Usted dice eso porque no sabe lo que hice. Si supiera, sabría que no hay perdón para mi pecado.

El consejero le refirió lo que Jesús mismo dijo: "Todo pecado… será perdonado a los hombres" (S. Mateo 12:31).

—¿Entiendes lo que significa todo? —le preguntó— Todo es todo. Asesinato, asalto a mano armada, prostitución, homosexualismo, lo peor de lo peor. No hay límite para el perdón divino.

Mauro se abrazó con fuerza al consejero como si fuese su única tabla de salvación.

—No me deje por favor —decía llorando—. No me abandone.

Aquel hombre había vivido los últimos años encerrado en una oscura prisión de soledad, autocastigo y culpa. Verdugos imaginarios enmascarados venían de noche y lo castigaban con crueldad. Años y años deseando la muerte. Creía que ésta sería el punto final de su sufrimiento. De repente, por una rendija, ve entrar un rayo de luz a su mundo de oscuridad y miedo.

La recuperación de Mauro fue rápida. La familia quedó sorprendida cuando vino un día a visitarlo. Por primera vez después de muchos años lo vieron sonreír. Con timidez, como si estuviese conversando con desconocidos, pero mirándolos a los ojos. Sus ojos reflejaban paz. Nadie entendía lo que estaba pasando. El consejero y Mauro, sí.

Las últimas semanas habían pasado horas estudiando la Biblia. Mauro leyó al profeta Isaías que escribió: "Pero vuestras iniquidades han hecho división entre vosotros y vuestro Dios, y vuestros pecados han hecho ocultar de vosotros su rostro para no oír" (Isaías 59:2). Entonces entendió por qué no había paz en su corazón. Estaba lejos de Jesús y sólo él podía darle paz. Creyó en la promesa: "La paz os dejo, mi paz os doy…" (S. Juan 14:27).

Entendió también que el perdón divino no es sólo la liberación de la culpa. No es sólo una declaración de absolución. La Biblia es clara al afirmar: "Porque la paga del pecado es muerte..." (Romanos 6:23). "Por cuanto todos pecaron, y están destituidos de la gloria de Dios" (Romanos 3:23). Por tanto, si hubo pecado tendría que haber habido muerte. El ser humano debería haber muerto, y eso sería justo, mas "él herido fue por nuestras rebeliones, molido por nuestros pecados; el castigo de nuestra paz fue sobre él, y por su llaga fuimos nosotros curados" (Isaías 53:5).

¿De quién hablaba Isaías? ¿A quién se refería cuando decía "él"? Mauro aprendió en la Biblia que Jesús es el personaje central del evangelio. "Y en ningún otro hay salvación; porque no hay otro nombre bajo el cielo, dado a los hombres, en que podamos ser salvos" (Hechos 4:12).

Ya pasaron varios años de todo esto. Un nuevo día amaneció en la vida de Mauro. Su mente era como un cuarto oscuro. Sombras amenazantes lo atormentaban constantemente. De repente, por una rendija de su conciencia entró un rayo de sol. Era el evangelio liberador de Cristo inundando su ser entero con paz y felicidad.

\* \* \*

El reloj digital del automóvil brillaba indicando la hora: Tres de la mañana. Todavía nos restaban cuatro horas de viaje. La carretera Río de Janeiro-Bahía parecía interminable. Aquella madrugada, mientras el automóvil devoraba kilómetros, dejando atrás pequeños pueblos, mi compañero de viaje, emocionado, me contó esta historia. Él era el hombre que Dios había usado para llevar el evangelio del perdón a la vida angustiada de Mauro. Era el capellán.

# No me dejes sola

Las luces de neón se encendían y se apagaban anunciando el nombre del club nocturno "Éxtasis". En el corazón de Lilian sólo había depresión. Su vida estaba lejos de ser un éxtasis. Sentía hambre, frío, cansancio y miedo. Miedo de entrar a aquel lugar. Sabía que si iniciaba aquel camino no tendría más vuelta. Temía entrar a un mundo desconocido y misterioso del que ya había oído hablar. Sintió pavor de destruir los valores que guardaba en su corazón, aunque a veces se preguntaba si valía la pena respetar valores en un mundo cruel.

¿Qué más le restaba? La vida la había llevado hasta esa esquina. Entrar sería como castigar a Dios por la manera "injusta" como había conducido la vida de una niña indefensa.

Entró. Había un olor nauseabundo allí dentro. Olor a pecado. A cosa prohibida. A promesas mentirosas. En la penumbra del ambiente lleno de humo de cigarro trató de ubicar a su amiga. Su corazón y su cuerpo temblaban. Quiso salir. Huir. ¿Salir para dónde? ¿Para aquella vida de pobreza y limitaciones que vivía?

"Hay caminos que una no escoge —pensó para sí—. No tengo más opciones. Necesito sobrevivir". La necesidad la había empujado hasta allí. Por lo menos, era eso lo que ella se repetía para justificar su actitud.

Sentada cerca de una mesa vacía, aguardaba a la amiga que le había prometido presentarle al dueño del cabaret. Mientras llegaba, Lilian observaba todo detenidamente. La música ensordecedora le impedía pensar. Era mejor así. Para sobrevivir en un lugar como ése era necesario estar casi anestesiada. Hombres ávidos de placer devoraban con los ojos a las muchachas que bailaban en un escenario.

"¿Quién soy? ¿Qué hago aquí?" Se preguntó una vez más. Su mente, sin querer, viajó al pasado, a los años de su niñez en el campo. El recuerdo más lejano que guardaba era el de una niña de cuatro años llorando junto al cadáver de su madre.

"Mamita, no me dejes sola". Lo había repetido en su mente tantas veces a lo largo de su vida, cuando en las horas de soledad, tristeza y dificultades buscaba auxilio. La primera vez que lo expresó audiblemente, la madre ya no la escuchaba. Después de eso nadie jamás la escuchó. Ni cuando pasó hambre, ni cuando sintió frío y ni siquiera cuando su padrastro abusó de ella a los diez años de edad.

Había pasado su adolescencia con una familia humilde. Terminó el curso secundario. Completó el primer año en la facultad de Arquitectura. Había tenido que dejar los estudios por falta de dinero. Vivía ahora en una ciudad de más de dos millones de habitantes, y como siempre, se encontraba sola.

Había pasado los dos últimos años buscando la mejor manera de sobrevivir y terminar sus estudios. No encontraba un empleo que le permitiera realizar su sueño de ser arquitecta. Lo poco que recibía apenas alcanzaba para pagar la renta de un cuarto y alimentarse. Hasta que conoció a Tina.

—No necesitas vivir en esa situación —le dijo Tina un día—. Eres bonita, joven, hay muchos hombres que darían la vida por ti.

Tina no entendía de sueños. Tal vez nunca los había tenido, quizá los había perdido en el mar de dificultades que hay que atravesar para alcanzarlos. Lo cierto es que Tina se mostraba consumista, escandalosa y materialista. Lo importante para ella era el dinero y aparentemente lo tenía. Se vestía bien, iba a buenos restaurantes, compraba cosas caras e inclusive enviaba dinero para su hijo que vivía con la abuela en una ciudad del interior.

La vida de Tina era un misterio. Trabajaba de noche, ganaba bien y tenía el día libre. Era la vida que Lilian deseaba. Si ella estuviese en el lugar de la amiga, aprovecharía el tiempo para terminar sus estudios.

—Tú puedes tener todo lo que yo tengo —le afirmó Tina—. Te voy a explicar.

Y se lo explicó. Sin omitir detalles. La joven morena, de cabellos largos y sonrisa encantadora, trabajaba en un cabaret. Participaba de un espectáculo en el cual se desvestía delante del público. Después, hacía beber a los clientes y, si deseaba, salía con uno de ellos por una razonable cantidad de dinero.

Al principio Lilian no quiso saber nada del asunto. Su negativa fue contundente. Ella nunca haría eso. Tenía sueños que estaban lejos de ser una bailarina de cabaret.

El tiempo pasó. La situación financiera de Lilian empeoraba cada día y Tina insistía.

—No seas tonta. Es la única manera de terminar tus estudios y realizar tu sueño de arquitecta.

—No quiero esa vida para mí.

—Pero si no te hablo de vida, chica, te estoy hablando sólo de un tiempo, mientras estudias.

Con el tiempo Lilian comenzó a pensar que no tenía mucho que perder. Había sido violada por su padrastro. Más tarde pasaron por su vida dos novios que la engañaron con promesas mentirosas. Por otro lado, ¿dónde estuvo Dios en todo ese tiempo? ¿Por qué la había abandonado? ¿Por qué no la había cuidado?

La llegada de Tina al cabaret aquella noche la sacó de sus pensamientos.

—Por fin chica —le dijo Tina, casi gritando para ser oída en medio de aquel ruido infernal—. Te voy a presentar a Mauricio. Es el dueño de esta casa, es buena gente. Ya le hablé de ti y está dispuesto a ayudarte.

Fue así que comenzó todo. A partir de aquella noche la vida de Lilian hizo un giro de 180 grados. Al principio sólo bailaba en el escenario. Era bonita, sus ojos negros llenos de misterio atraían, su sonrisa cautivaba. No salía con hombres. No se vendía, pero aprendió a fumar, a beber, y con el tiempo pasó a usar drogas esporádicamente.

El dinero era escaso. Más de una vez pensó si valía la pena continuar frecuentando aquel lugar.

—No tienes dinero porque no quieres —le dijo un día el dueño del cabaret—. Si estás aquí es para que hagas las cosas por completo. Hay muchos hombres dispuestos a darte dinero.

Lilian no supo cuándo, pero un día despertó en el cuarto inmundo de un motel, al lado de un hombre que nunca había visto y al que nunca más volvería a ver. Aquel día ella pensó que había llegado al fondo del pozo. No imaginaba lo que la aguardaba.

Cinco años pasaron desde aquella primera noche en el cabaret. Años de soledad. De desesperación. De angustia. Ninguna cantidad de dinero fue capaz de sustituir la paz de un sueño tranquilo. Si hubiera podido decidir nuevamente, no habría escogido esa vida aunque tuviese que dormir con hambre y no supiese cómo pagar al día siguiente el alquiler vencido.

Al principio la culpa era incesante. La conciencia, juez implacable, la condenaba todo el día. Se sentía sucia, inmunda. Cuando caminaba por la calle tenía la impresión de que todo el mundo sabía lo que hacía. El dinero no le alcanzaba para nada. Había ahorrado un poco de dinero con la ilusión de continuar sus estudios de arquitectura, pero un día fue presa, acusada de asesinato. Dos meses después, al comprobarse su inocencia, fue liberada. Se había gastado todo el dinero que había ahorrado.

Eso la desanimó completamente. Se entregó de cabeza a aquella vida de promiscuidad. Parecía que el dolor que sentía era el mejor castigo para su conducta equivocada. Se fue hundiendo año tras año hasta no quedar más nada de la niña soñadora que ingresara a aquella vida "sólo hasta terminar mis estudios".

\* \* \*

Sábado de madrugada. En el cuarto inmundo de un motel,

Lilian no lograba dormir. A su lado, un desconocido. Acababa de salir con él por dinero. El hombre roncaba. La joven bailarina lloraba en silencio. Más sola y triste que nunca. Su cuerpo era un objeto que los hombres compraban. Se sentía sucia. ¿Algún día podría ser amada por alguien? ¿Merecía ser amada? ¿Cómo había llegado a ese punto? Prefirió no seguir pensando. Comenzó a girar el dial de la radio de la cabecera, con el volumen bajo para no despertar al extraño. Una frase impactante, oída por casualidad, llamó su atención. La voz decía:

—*Eres lo más precioso que Jesús tiene en esta tierra.*

Su cuerpo se estremeció. Aproximó el oído al receptor y siguió oyendo:

—*No importa dónde estás, si en la cama de un hospital o viajando en la carretera. Si en la celda de una prisión o en el cuarto inmundo de un motel, sin poder dormir. Quiero que sepas que Jesús te ama y murió para salvarte. Ah, por favor no digas que no vales nada o que no lo mereces. Ni tú ni yo valemos nada. Nada hicimos para merecer el amor de Jesús. Él simplemente te ama.*

Aquellas palabras parecían dirigidas a ella. Como si el dueño de la voz supiese quién era ella y cómo había vivido hasta aquel día. Era sorprendente. Continuó prestando atención:

—¿*Qué es lo que necesitas hacer para que el amor de Jesús sea una realidad en tu vida? "Si confesamos nuestros pecados, él es fiel y justo para perdonar nuestros pecados, y limpiarnos de toda maldad"* (1 Juan 1:9).

Y la voz siguió diciendo:

—*Para confesar es necesario reconocer que se ha pecado y aceptar el hecho de que no puede salir de la situación en que se encuentra. Es como un enfermo. ¿Qué beneficio tiene el remedio si uno no acepta que está enfermo y lo toma? El amor de Cristo es el remedio para todos los males, pero es necesario que el pecador reconozca su condición y confiese sus pecados. ¿A quién? David responde: "Mi pecado te declaré, y no encubrí mi iniquidad. Dije: Confesaré mis transgresiones a Jehová; y tú perdonaste la maldad de mi pecado"* (Salmo 32:5).

Y continuó:

—*Los pecados no necesitan ser confesados a un ser humano. Dios es el único que puede perdonar. Es al único a quién debemos recurrir. "Y si alguno hubiere pecado —dijo Juan—, abogado tenemos para con el Padre, a Jesucristo el justo" (1 Juan 2:1). ¿Por qué sólo a Jesús? 'Y en ningún otro hay salvación; porque no hay otro nombre bajo el cielo, dado a los hombres, en que podamos ser salvos' (Hechos 4:12)".*

Lilian quedaba cada vez más sorprendida. Ella creía que los santos podían interceder en su favor, pero la Biblia afirma: "Porque hay un solo Dios, y un solo mediador entre Dios y los hombres, Jesucristo hombre" (1 Timoteo 2:5).

El único mediador que existe entre Dios y los hombres es Jesús. La razón es que solamente Jesús puede entender al ser humano. Sólo él atravesó el valle del dolor y del sufrimiento. "Porque no tenemos un sumo sacerdote que no pueda compadecerse de nuestras debilidades —dijo Pablo refiriéndose a Jesús—, sino uno que fue tentado en todo según nuestra semejanza, pero sin pecado. Acerquémonos, pues, confiadamente al trono de la gracia, para alcanzar misericordia y hallar gracia para el oportuno socorro" (Hebreos 4:15, 16).

Lo que más sorprendía a Lilian era que Jesús, el Hijo de Dios, era capaz de comprenderla. Era eso lo que la voz decía en la radio:

—*Aquella tarde sombría en el Calvario, el Señor Jesús no moría porque él hubiese pecado. Había vivido una vida santa, a pesar de haber sido tentado. Aquella tarde Jesús entregó su vida por ti y por mí. Éramos tú y yo los que merecíamos morir. Fuimos tú y yo los que nos extraviamos siguiendo nuestros propios caminos. "Mas él herido fue por nuestras rebeliones, molido por nuestros pecados; el castigo de nuestra paz fue sobre él; y por su llaga fuimos nosotros curados" (Isaías 53:5).*

—*Ven conmigo al Calvario* —seguía diciendo la voz—. *Cierra los ojos e imagina la escena de dolor y muerte. Mira al Señor Jesús colgado en una miserable cruz, míralo sangrar, observa las espinas que hieren su frente. Oye los vituperios de sus verdugos. ¿Merecía él morir allí como un delincuente? No, pero te ama. Tal vez nunca logres entender ese amor. ¿Por qué te ama? No me lo preguntes. Yo no sé. Puedes haber vivido la vida más errada. Puedes haber descendido a las profundidades más oscuras del pecado. Puedes haber destruido todo lo bueno que un día tuviste y sentirte en este momento una basura. Escúchame bien: A pesar de eso, continúas siendo lo más precioso que Jesús tiene. De otro modo no habría muerto allá en la cruz por ti.*

Y la voz replicaba con más fuerza en el corazón de Lilian:

—*Sígueme acompañando. Ya está casi oscuro. El día se va y junto con el día también la vida de Jesús. Óyelo, quiere decir algo. Levanta los ojos al cielo y llora: "Dios mío, Dios mío, ¿por qué me desamparaste?" En otras palabras: "No me dejes solo, no me abandones".*

Y el locutor de aquella emisora remató:

—*¿Cómo crees entonces que no puede entenderte? ¿Cómo piensas que no sabe lo que sientes? Él te ama y en este momento está con los brazos abiertos esperando que te entregues a él.*

Lilian pensó que se estaba enloqueciendo. Aquello no podía ser verdad. ¿Cómo aquel hombre sabía lo que ella siempre había sentido? Lloró. Lloró mucho. Como si quisiese que sus lágrimas lavasen su mundo interior. Al terminar el mensaje, entró otro locutor y dijo: "El pastor Bullón, que acaba de presentar este mensaje, estará predicando a las once de la mañana en el estadio de esta ciudad".

Aquella noticia la alegró. Iría al estadio. Quería conocer a aquel hombre. Deseaba oír más acerca del amor de Jesús.

A las nueve de la mañana el desconocido se levantó y dijo:

—¿Dónde quieres que te deje?

—¿Podrías llevarme hasta el estadio? —pidió ella.

Cuando bajó del automóvil, notó que había mucha gente

ingresando apresurada. Se mezcló con la multitud. La única vez que había entrado a aquel lugar había sido para un concierto de un famoso grupo musical. Le gustaba la música. Se consideraba romántica. Sus amigos le decían que ella idealizaba el amor, y por eso sufría. Como quiera, le gustaba la música y aquella mañana de sábado se sintió cautivada por los himnos que cantaba un gran coro. Las palabras acompañadas de música son capaces de llegar a los rincones del corazón adonde la simple palabra hablada no llega.

Las personas reunidas aquella mañana en el estadio tenían algo diferente que las personas que ella conocía. Había en sus ojos un brillo especial. Cantaban con alegría. Cuando la miraban le transmitían paz.

A las once en punto me ubiqué frente al púlpito con la Biblia abierta. Nunca empiezo a predicar sin leer un texto bíblico. La Biblia afirma que: "Por la palabra de Jehová fueron hechos los cielos, y todo el ejército de ellos por el aliento de su boca. Porque él dijo, y fue hecho; él mandó, y existió" (Salmo 33:6, 9). Por otro lado, cuando Jesús estuvo en esta tierra, por el poder de su palabra hizo andar paralíticos, abrió los ojos a los ciegos y hasta resucitó muertos.

Hay poder en la Palabra de Dios. Ella es capaz de crear y de restaurar. Aprendí eso a lo largo de mi vida. Aquella mañana la Palabra de Dios obró un milagro en la vida de Lilian. El tema del amor de Dios cautivó otra vez el corazón de la joven semidestruida por las decisiones equivocadas. El texto del mensaje era: "El que encubre sus pecados no prosperará; mas el que los confiesa y se aparta alcanzará misericordia" (Proverbios 28:13).

Todos los seres humanos quieren ser perdonados. Muchos confiesan sus pecados. Pocos desean apartarse de ellos. Y sin embargo la promesa de alcanzar la salvación involucra confesión y arrepentimiento. Arrepentimiento es sentir dolor por haber herido el corazón de Dios y deseo de cambiar su vida. Mucha gente confunde el arrepentimiento con el remordimiento, que es solamente miedo de sufrir las consecuencias del pecado.

Cuando Jesús estuvo entre los hombres dijo: "Porque no he venido a llamar a justos, sino a pecadores, al arrepentimiento" (S. Mateo 9:13). El llamado de Jesús al arrepentimiento era un llamado a los pecadores. A quienes estaban cansados de luchar por una vida mejor. A los que no tenían paz en el corazón y se sentían inservibles. A los derrotados y despreciados por la sociedad.

Lilian se sentía así. Muchas veces se había preguntado: "¿Qué debo hacer para arrepentirme?" La respuesta llegó esa mañana: ¿"O menosprecias las riquezas de su benignidad, paciencia y longanimidad, ignorando que su benignidad te guía al arrepentimiento?" (Romanos 2:4).

Es el amor de Dios que lleva al arrepentimiento. Tú no lo fabricas. No nace en tu corazón, nace en el amor divino. Tú sólo tienes que aceptar el hecho de que cuando Dios te pide que abandones el pecado y vengas a él, es porque desea que sus promesas se hagan una realidad en tu vida. "El Señor no retarda su promesa, según algunos la tienen por tardanza, sino que es paciente para con nosotros, no queriendo que ninguno perezca, sino que todos procedan al arrepentimiento" (2 Pedro 3:9).

Sentada junto a una columna del estadio, Lilian lloraba arrepentida. Su dolor ya no nacía del recuerdo de tantos sufrimientos pasados. Su tristeza era fruto de la pregunta que laceraba su corazón: "¿Cómo pude haber ignorado esto tanto tiempo?"

—Hoy es el día de buena nueva, hoy es el día de salvación —mi voz la hizo volver a la realidad. Allí estaba ella. Tenía la oportunidad de empezar una nueva vida.

—Ven a Jesús ahora —seguí diciendo—. Ven cómo estás, sin promesas. Simplemente ven. Tráele los pedazos desechos de tu vida para que Jesús los reconstruya. Tráele tu corazón vacío para que él le dé sentido a tu existencia. Tráele la página manchada de tu vida y recibe de sus manos una página en blanco para escribir una nueva historia.

Lilian luchó. No quería tomar una decisión apresurada, llevada apenas por la emoción del momento. Veía decenas de personas yendo hacia la plataforma. Finalmente no pudo resistir a la voz del Espíritu Santo y se entregó a Jesús.

El último versículo leído aquel día fue: "Así que, arrepentíos y convertíos, para que sean borrados vuestros pecados; para que vengan de la presencia del Señor tiempos de refrigerio" (Hechos 3:19).

Refrigerio. Fue eso lo que Lilian sentía cuando salió aquella tarde del estadio. A pesar del calor implacable de diciembre en esa región, ella sentía la brisa suave acariciando su rostro como si fuese el beso dulce del perdón de Jesús.

\* \* \*

Sucedió muchos años después. Había terminado la predicación. Afuera llovía a cántaros. Sentado en el camerino, aguardaba la llegada de la persona que me conduciría al hotel. Un colega entró:

—Hay una persona que quisiera saludarte.

—Déjala entrar —respondí. No terminé la frase cuando ella apareció. Se ubicó en el sofá enfrente de mí y miró a mi colega. El pastor entendió y se retiró. Yo no sabía quién era aquella dama elegante. Jamás la había visto. Su emoción era evidente.

—¿Podría venir mañana más temprano para conversar con usted? Tengo una historia interesante. Usted tiene mucho que ver con todo, pero veo que ahora necesita salir —me preguntó ansiosa.

Al día siguiente conversamos. Era una arquitecta bien conceptuada. Una mujer feliz, casada, con dos hijos y una carrera profesional brillante. Era un fruto del amor de Dios. Era Lilian.

# Una noche fría de agosto

*N*unca antes la ciudad de San Pablo le había parecido tan triste. Era una noche típica del mes de agosto, envuelta en neblina, lluviosa y fría. La tristeza de Juliano, sin embargo, nada tenía que ver con el clima. Su dolor nacía de la vida, si se podía llamar vida a la sucesión de conflictos que enfrentaba.

Su hogar estaba casi deshecho. Dominado por los efectos del alcohol, acababa de golpear a su esposa, como otras veces. Últimamente lo hacía con frecuencia. Eso lo dejaba deprimido. Amaba a su esposa, aunque ella no lo creyera. Siempre la había amado. Desde el día en que la vio por primera vez en un campeonato de vóleibol. En aquel tiempo Juliano era un joven ingeniero de 25 años, lleno de sueños y planes ambiciosos. Laura, una bella jugadora de voleibol de la división juvenil de un famoso equipo brasileño.

El noviazgo duró menos de un año. Se casaron. Juliano recibió una excelente propuesta de trabajo en el extranjero. Laura lo amaba y no pensó dos veces para abandonar el deporte y acompañarlo.

Dos años después vino el primer hijo. Más tarde la felicidad de la joven pareja se completó con la llegada de una linda niña rubia de cabellos rizados.

Los diez primeros años del matrimonio fueron una constante luna de miel. La vida parecía sonreírles. Habían retornado a su patria. Juliano continuaba trabajando en la misma empresa. Laura se había dedicado por completo a cuidar de la familia. Tenían bastante dinero, vivían en una linda mansión ubicada en una de las regiones más sofisticadas de la ciudad. Frecuentaban círculos de la alta sociedad y veían crecer a sus hijos estudiando en las mejores escuelas.

Cualquiera que lo viese aquella noche caminando cabizbajo, con las manos en los bolsillos del abrigo de cuero, no podría jamás imaginar que se trataba de alguien que tenía aparentemente todo para ser feliz.

Juliano se movía con lentitud. En su mente desfilaban las escenas de violencia familiar que venía protagonizando últimamente. Su corazón parecía un volcán a punto de explotar. Se sentía el más infeliz de los seres humanos. Lloraba en silencio, aunque las personas que se cruzaban con él no lo percibían. Lloraba el dolor de estar vivo. La incoherencia de golpear a la mujer que amaba. La tragedia de ver a sus hijos destruidos. Lloraba su fragilidad, su impotencia delante de las circunstancias, su humillante sumisión al vicio del alcoholismo que rehusaba aceptar.

Se calificaba apenas como un bebedor social. La realidad es que bebía todos los días. Necesitaba hacerlo. Sin la bebida se sentía inseguro, frágil, incapaz de tomar decisiones. Cuando bebía, cambiaba todo. Se creía el dueño del mundo y se tornaba agresivo.

Aquel sábado de noche le había prometido a la esposa que la llevaría a cenar a un restaurante sofisticado. Cuando ella bajó de su habitación, linda, con un bello vestido negro, lo encontró bebiendo en la sala. Ella percibió que la cena se había esfumado; respiró hondo, y se acomodó en el otro sofá y preguntó.

—¿Otra vez? ¿Será que esto va a terminar un día? ¿No podrías haberme dicho que no querías salir? ¿Por qué hiciste que me arreglara?

Esto lo sacó de quicio. Dejó a un lado el vaso de whisky y se dejó llevar por la violencia. Después ella se encerró en el cuarto, llorando. Él salió a deambular en la noche.

Mientras caminaba pensó en la hija que no veía hacía meses. A los 17 años ella había quedado embarazada. Él la había expulsado de la casa. Se sentía culpable por eso, aunque no lo admitía. ¿Qué tipo de padre era? Su corazón le decía que debía buscar a su hija y traerla de vuelta a casa. Su orgullo se imponía. Moralista, rígido, justificaba las incoherencias de su propio comportamiento, pero no aceptaba los errores de los hijos.

Su hijo mayor estaba completamente hundido en las drogas. Ya había intentado de todo para salvarlo de las garras del terrible vicio. Le había hablado con amor, con firmeza. Había sido duro con él. Lo había agredido físicamente. Había pagado a los mejores especialistas, las mejores clínicas de recuperación. Nada había logrado. Eso lo dejaba frustrado, y sólo encontraba refugio en la bebida. Culpaba a sus hijos por sus propios fracasos y derrotas. Después se acordaba que había empezado a beber cuando los hijos eran todavía niños. Ellos no tenían la culpa de nada.

¿Qué hace un ser humano en esas circunstancias? ¿Hacia dónde va? Juliano se veía en un túnel sin salida. Le daba la impresión de haber caído en un abismo del cual trataba de salir inútilmente.

Para remate, era un racionalista. No se consideraba un ateo. Creía en Dios como una fuerza motivadora y nada más. En su mente no cabía un Dios personal que se interesara en la criatura y fuera capaz de intervenir en la vida del hijo necesitado.

Los años en la universidad y posteriormente el tiempo que vivió en Europa había anulado casi por completo su capacidad de creer en cosas espirituales. Él creía, sí. Creía en las cosas que podía ver y tocar. Era pragmático. Ese pragmatismo lo había ayudado a crecer profesionalmente. En su vida no había lugar para Dios. ¿Acaso no había logrado dinero, estatus social y éxito profesional sin Dios?

Cuando estaba solo reconocía que era un hombre vacío. ¿De qué le servía todo lo que había alcanzado en la vida si no era feliz? A fin de cuentas, ¿qué era la felicidad? Él mismo no sabía definirla, pero de hecho no era lo que había vivido en los últimos años. Se sentía fracasado como esposo y padre. Si no era capaz de hacer feliz a las personas que amaba, ¿qué sentido tenía seguir viviendo?

No era la primera vez que este pensamiento había subido a su mente. Siempre que ocurría, sacudía la cabeza y continuaba fingiendo que todo estaba bien.

\* \* \*

La multitud que cruzaba la calle frente al coliseo deportivo de la ciudad aquella noche lo sacó del remolino de sus pensamientos.

—¿Qué hay en el coliseo? —preguntó a uno de los transeúntes.

—Es una reunión evangelizadora. Hay un predicador presentando mensajes inspiradores —le respondió el hombre mientras caminaba rápidamente en dirección al coliseo.

¿Un predicador? Siempre había oído hablar de los evangélicos. Nunca había tenido contacto con ellos. Creía que los predicadores eran charlatanes. Se aprovechaban de la ingenuidad de personas emocionalmente frágiles.

Aquella noche Juliano no estaba haciendo nada. Simplemente andaba sin rumbo definido, tratando de olvidar la agresión a su esposa. Sintió curiosidad. ¿Qué es lo que los predicadores hablaban? No sería en vano que miles de personas entraran al coliseo. Entró.

Se acomodó en la galería superior, frente al escenario. Había enormes cajas de sonido y una iluminación capaz de dar envidia a los mejores espectáculos. La música instrumental suave disminuía el ruido provocado por las personas que trataban de ubicarse en el enorme coliseo que abrigaba a 25 mil personas.

En pocos minutos el centro deportivo estaba completamente lleno. Un grupo musical entró a cantar. Juliano no quería ser influenciado por nada. Estaba allí como un observador crítico. Quería saber cómo los predicadores "manipulan" las emociones de las personas.

Cuando el grupo empezó a cantar, involuntariamente se fijó en la letra. Hablaba de perdón, de amor. De una nueva oportunidad en la vida. Tuvo la impresión de que estaba escuchando cantar a los ángeles. Aquella música tocaba su corazón. La letra perturbaba su mente. Él era un racionalista. No podía darse el lujo de hacerle caso a su corazón.

Media hora después entró el predicador y leyó el capítulo tres del evangelio de San Juan. El texto hablaba de Nicodemo. Una noche triste, Nicodemo buscó al Señor Jesús. El caso de Juliano era diferente. Él no sabía que estaba buscando a Jesús. Él no sabía siquiera qué buscaba. Había salido aquella noche de su casa para llorar la tragedia de estar vivo. De tener aparentemente todo y saber que, en realidad, era un hombre vacío.

La historia de Nicodemo le despertó interés. Nicodemo era un hombre rico, de posición social envidiable. Había tenido éxito en su carrera profesional, era admirado por las personas. Cuando llegaba la noche, no podía dormir. Daba vueltas en la cama, de un lado para el otro. El insomnio era como una sombra permanente en su vida. Se sentía vacío y no entendía por qué. No le hacía mal a nadie, no robaba, no mataba, no cometía adulterio y sin embargo no era feliz. ¿Qué le faltaba? ¿Por qué sentía aquella sensación de asfixia, aquel miedo instintivo que no lo dejaba en paz?

Fue en una de esas noches de insomnio que Nicodemo se levantó y buscó a Jesús. No tuvo dificultades para encontrarlo. Él era un líder religioso. ¿Los líderes religiosos también viven dramas terribles? La experiencia de Nicodemo prueba que sí.

Cuando Nicodemo salió de casa aquella noche, pensó caer a los pies de Jesús y decirle: "Señor, ayúdame por favor, estoy perdido". ¿Cómo podría hacerlo? Él era un líder. Los líderes creen que están en el mundo para ayudar. No para pedir ayuda. En el caso de Nicodemo, su orgullo se impuso y le dijo a Jesús: "Rabí, sabemos que has venido de Dios como maestro; porque nadie puede hacer estas señales que tú haces, si no está Dios con él" (S. Juan 3:2).

Jesús sabía que aquel hombre podía fingir que todo estaba bien. Podía repetirse a sí mismo mil veces que nada le faltaba. Pero tras aquella apariencia de vencedor, había un pobre hombre fracasado e infeliz. Fue directo: "De cierto, de cierto te digo, que el que no naciere de nuevo, no puede ver el reino de Dios" (S. Juan 3:3).

El Señor Jesucristo estaba hablando de un nuevo nacimiento, un nuevo comienzo. Una página en blanco para escribir una nueva historia. Era eso lo que Juliano necesitaba. Si él pudiese borrar toda la historia que había escrito hasta aquel momento, haría muchas cosas de manera diferente.

* * *

La atención de Juliano estaba concentrada en cada palabra que el predicador decía. En el inmenso auditorio y a pesar de la multitud, se podía escuchar hasta la caída de un alfiler. Miles de personas deseaban respuestas para sus inquietudes espirituales. El mensaje despertó el interés de Juliano.

¿Por qué era necesario nacer de nuevo? ¿Qué tipo de nacimiento era ese? El predicador leyó lo que el profeta Isaías escribió: "Toda cabeza está enferma, y todo corazón doliente. Desde la planta del pie hasta la cabeza no hay en él cosa sana, sino herida, hinchazón y podrida llaga" (Isaías 1:5, 6).

Cuando la gangrena empieza a devorar un brazo o una pierna es necesario amputar ese miembro antes que la terrible enfermedad destruya el cuerpo. Isaías esta refiriéndose a un cuerpo tomado enteramente por la gangrena. Ya no se puede amputar nada. Todo está podrido. No hay remedio para ese cuerpo. Está condenado a la muerte. San Pablo afirma: "Por cuanto todos pecaron y están destituidos de la gloria de Dios" (Romanos 3:23). Y acrecienta: "Porque la paga del pecado es la muerte" (Romanos 6:23).

Lo que Pablo dice es que los seres humanos venimos a este mundo con una naturaleza pecaminosa cuya tendencia es el pecado. Lo único que el ser humano necesita hacer para ser un pecador es nacer. "He aquí, en maldad he sido formado y en pecado me concibió mi madre" (Salmo 51:5), declara David.

Lo que Juliano escuchaba removía el fundamento sobre el cual su vida estaba construida. Él se había considerado un hombre bueno. Un ciudadano correcto, provisto de valores morales como la honestidad, la puntualidad y la solidaridad.

De pronto se confrontaba con conceptos que echaban por tierra sus convicciones.

El hombre es malo por naturaleza. Su tendencia natural es hacia el mal. Por causa de la educación y de la cultura puede tener valores morales, pero continúa siendo malo. Incapaz de entender verdades espirituales. Era eso lo que San Pablo decía: "Teniendo el entendimiento entenebrecido, ajenos de la vida de Dios por la ignorancia que en ellos hay, por la dureza de su corazón" (Efesios 4:18).

"Ajenos a la vida de Dios". ¡Qué frase impactante! ¿Quiere decir que hay otro tipo de vida que el ser humano natural desconoce? Exactamente. Jesús mismo lo dijo: "Yo he venido para que tengan vida, y para que la tengan en abundancia" (S. Juan 10:10).

¿Dónde estaba esa vida abundante de la que Jesús hablaba? Juliano era un hombre infeliz, vacío, desesperado. Amaba a su familia y sin embargo la había destruido.

¿Qué vida abundante era ésa que lo dejaba noches enteras sin dormir? Últimamente se sentía como un cadáver. Un muerto en vida. Ahora el predicador repetía de manera contundente: "Aun estando nosotros muertos en pecados, nos dio vida juntamente con Cristo" (Efesios 2:5).

El predicador se movía de un lado para otro en la plataforma iluminada por 120 focos y dos poderosos cañones de luz. Las cajas de sonido traían su voz con claridad y nitidez. Parecía que hablaba personalmente a cada una de las 25.000 personas. Juliano sentía que su actitud crítica se transformaba en interés. Oyó decir: "Quiero que grabes bien lo que te voy a decir. Tu vida está destruida, aunque no lo reconozcas. ¿Dónde están los sueños que construiste? ¿Qué hiciste con la familia maravillosa que Dios te dio? Lo has destruido todo. Eres un hombre vacío y desesperado. Estás prisionero en las garras del alcoholismo. No tienes fuerza para vencer".

Juliano se estremeció. ¿Quién era aquel hombre? Lo estaba desnudando en público y su corazón se rebeló.

—No lo voy a oír más —dijo—, y empezó a salir del auditorio.

Mientras salía, siguió escuchando la voz: "Pero Dios te ama. Eres la cosa más linda que Dios tiene en esta vida: Ah, ¡cómo te ama! Nada hiciste para merecerlo, pero él te ama. Si tú deseas, puedes huir. Cierra tus oídos y corre, pero jamás lograrás que Dios deje de amarte".

Juliano salió desesperado. Corrió como un loco, sin parar. En sus oídos todavía sonaban las últimas palabras que había oído. "¿Mudará el etíope su piel, y el leopardo sus manchas? Así también, ¿podréis vosotros hacer bien, estando habituados a hacer mal?" (Jeremías 13:23).

Era verdad, aunque él no lo quisiese aceptar. Muchas veces había intentado cambiar su manera de ser. Todos sus esfuerzos habían sido inútiles. Era orgulloso y soberbio. Tenía conciencia de ello. Nada podía hacer para transformar esa situación.

La Biblia tiene razón. Es necesario nacer de nuevo. Jesús se lo había dicho a Nicodemo: "Lo que es nacido de la carne, carne es; y lo que es nacido del espíritu, espíritu es" (S. Juan 3:6).

Jesús estaba hablando de un nacimiento espiritual. Una nueva mente y un corazón nuevo. Nuevas motivaciones. Nuevo rumbo en la vida. Ese nuevo nacimiento se llama la conversión. No es solamente un cambio de manera de pensar, sino un cambio de vida. No es la simple mejora de la antigua manera de ser. Es un camino completamente diferente. Una media vuelta completa. Un giro de 180 grados.

¿Cómo sucede ese nuevo nacimiento? Es un milagro. Si el nacimiento físico es un milagro, imagina el nacimiento espiritual. Aunque milagrosa, es una vivencia real. Acontece en el momento en que la criatura, cansada de luchar, reconoce que no puede y clama a Dios con todas las fuerzas de su corazón. Dios sólo necesita un segundo para implantar la nueva naturaleza en el corazón humano.

Puede llevar tiempo la resistencia del hombre para rendirse a Dios. También demanda tiempo habituarse a vivir con la nueva naturaleza. Teológicamente eso se llama santificación. Pero el nuevo nacimiento sucede instantáneamente. Para unos puede ser un acontecimiento dramático. Para otros un hecho imperceptible. Los resultados son visibles. Nacen de un corazón inundado por la paz del perdón divino.

\* \* \*

Juliano continuaba corriendo aquella noche fría de un sábado de agosto. Cualquiera que lo viese podría imaginar que él huía de la policía. Huía sí, o tal vez, pretendía huir, del Espíritu Santo. Luchaba para olvidar lo que había oído. Las palabras lo perseguían. Daba la impresión que iban a explotar dentro de su mente.

Lo que quemaba su corazón era la frase: "Dios te ama, eres la cosa más linda que Dios tiene en esta vida. Puedes hacer lo que quieras, pero jamás lograrás que Dios deje de amarte".

Al llegar a la luz roja de un semáforo, Juliano se paró. Miró hacia el cielo. No había luna ni estrellas. Sólo la neblina densa y una llovizna fina.

—Dios —casi lloró—, aquel hombre dice que me amas. ¿Cómo puedes amarme? Mira mi vida. No valgo nada. Nada soy sino un fracaso como ser humano, como esposo y como padre. ¿Cómo puedes amarme?

En el silencio de su corazón Juliano oyó una especie de voz:

—Hijo, no preguntes cómo puedo amarte, yo sólo sé que te amo.

Fue allí, en una esquina anónima, que Juliano nació de nuevo. Lloró en silencio. Le contó a Dios la historia de su vida. Le abrió el corazón. Suplicó ayuda y Dios hizo el milagro. Después, continuó andando por la ciudad mucho tiempo, hablando con Dios.

\* \* \*

Ya era la madrugada cuando Juliano llegó a su casa. Entró al dormitorio silenciosamente. Su esposa estaba todavía despierta. Fingió que dormía. El esposo se acostó sin hacer ruido. Antes de dormir hizo algo que no hacía ya muchos años. Depositó un beso dulce en la cabeza de la esposa. Se durmió. Laura lloró, emocionada.

A la mañana siguiente la esposa observó que Juliano estaba echando al inodoro todas las bebidas alcohólicas que tenía en la casa.

—¿Estás loco? —preguntó

Juliano interrumpió lo que estaba haciendo y la miró. Laura observó en aquella mirada el mismo brillo de años atrás cuando él se le aproximaba después de un partido de voleibol, trayéndole una rosa.

—¡Perdóname! —la voz del esposo sonaba sincera, honesta. Venía cargada de emoción—. Perdóname por lo que hice con tu vida, por el dolor que te causé, por la indiferencia y las agresiones.

No había lágrimas. Laura nunca lo había visto tan conmovido. Los ojos de su esposo parecían dos lagunas de aguas tranquilas a punto de rebalsar. En la mente de la mujer, que por causa del sufrimiento aparentaba más años de los que en realidad tenía, se cruzaban muchos pensamientos. ¿Qué estaría sucediendo con él? ¿Por qué ese cambio repentino? ¿Qué se proponía?

—¿Me darías otra oportunidad de hacerte feliz? —la voz del esposo la sacó de sus pensamientos.

—¿Qué te sucede? —preguntó ansiosa.

—Todo y nada. No sé. He vuelto a nacer. Soy un hombre nuevo.

—¿Qué es eso de hombre nuevo? Explícame mejor, algo extraño te sucedió y quiero saberlo —continuó Laura en el ápice de la curiosidad. Estaba intrigada. Algo misterioso había ocurrido, o Juliano se estaba colocando la máscara de "bueno" con algún propósito.

—¿Tú crees que Dios me ama? —la pregunta de Juliano la sorprendió.

—Claro, quiero decir, creo que sí.

—No creas. Ten la seguridad, ¡Dios me ama!

—Pero ¿qué tiene que ver eso con tu comportamiento extraño?

—¿No lo entiendes? He nacido de nuevo. El hombre que te hacía sufrir ha muerto. Soy un hombre nuevo.

Laura no entendía. Estaba confundida. Sea lo que fuere que había ocurrido con su esposo era bueno. Definitivamente el Juliano que estaba delante de ella no era el esposo ebrio que la había agredido la noche anterior.

Sentado en el borde de la cama, Juliano le contó lo que había sucedido. Ambos hicieron una revisión de sus vidas. Conversaron acerca de sus hijos. Se abrazaron con ternura. Ella prometió acompañarlo esa noche al coliseo.

\* \* \*

Ya pasaron más de dos décadas desde aquella noche fría del mes de agosto. Hoy Juliano es un hombre feliz. Su hijo mayor aceptó a Jesús y fue liberado de las drogas. La hija, a quién buscó incansablemente, fue encontrada. Todos juntos forman una familia feliz. Así son las cosas con Jesús. Por eso la Biblia afirma: "De modo que si alguno está en Cristo, nueva criatura es; las cosas viejas pasaron; he aquí todas son hechas nuevas" (2 Corintios 5:17).

\* \* \*

Almorzábamos un día con un grupo de amigos. Llegó un hombre vestido de traje azul. A su lado, una linda dama sonriente. Sus ojos reflejaban felicidad. El hombre se aproximó a mí emocionado, me abrazó y susurró a mis oídos:

—Gracias por el mensaje de aquella noche, gracias por haberme presentado a Jesús.

Era un hombre transformado por la gracia maravillosa de Cristo. Era Juliano.

# Conflictos de
# un sacerdote

El sol agonizaba majestuoso aquella tarde en las campiñas del sur de Chile. Un niño de nueve años contemplaba absorto el paisaje impresionante. Aquella puesta de sol parecía una obra de arte. Un cuadro pintado por algún artista famoso. Con una diferencia. Aquella escena era real. Los colores eran vivos, auténticos, y la belleza de aquel atardecer era mística, sobrenatural, una invitación al recogimiento y a la adoración.

Sin percibirlo, el niño se arrodilló. Su mirada, hasta entonces concentrada en el horizonte anaranjado, se perdió en el infinito. Voló en alas de la imaginación hacia una catedral imponente, colmada por una multitud. El muchacho se imaginaba adulto, con vestidos sacerdotales, oficiando la misa.

Sixto nunca tuvo conciencia de cuándo sintió por primera vez su llamado al sacerdocio, pero aquella tarde, arrodillado en la colina, tuvo la convicción de que había nacido para ser un siervo de Dios.

Cuando llegó la noche, a la hora de la cena, sentado alrededor de la mesa, al calor de la estufa que templaba el crudo frío del invierno, Sixto se dirigió a las dos mujeres presentes:

—Quiero ser un sacerdote y desearía que me ayudaran a ir al seminario — les dijo de sopetón.

—Alabada sea la Virgen —exclamó la abuela haciéndose la señal de la cruz dos veces.

Sixto tenía una linda familia cristiana formada por él, su madre y su abuela. Católicas fervorosas, las dos mujeres no faltaban a misa jamás y habían arreglado las cosas de modo que el párroco de la ciudad aceptara a Sixto como asistente en los menesteres del culto dominical.

Al muchacho le fascinaban los misterios de la religión. Era calmo, obediente. Su personalidad atraía por un cierto aire de misticismo que adornaba sus acciones. Todos los que lo conocían creían que poseía vocación religiosa. Por eso la abuela y la madre casi dieron un salto de alegría cuando el jovencito les anunció su deseo de ir al seminario.

No fue difícil. Con la ayuda del párroco amigo, Sixto se internó en un seminario jesuita. A los 22 años de edad ya era un sacerdote ordenado, con una parroquia para pastorear.

En el seminario había aprendido, entre otras cosas, a desarrollar un espíritu analítico. Le gustaba leer y pensar. No aceptaba las cosas con facilidad. Quería entender la razón de todos los dogmas católicos.

Sus primeras dudas surgieron mientras estudiaba teología. Amaba a la virgen María. La consideraba una santa, intercesora de la humanidad ante Dios. En esta manera de pensar no estaba comprometido sólo su raciocinio sino también sus emociones. Amaba lo que creía. De allí sacaba fuerzas para defender los dogmas con firmeza y convicción. Por eso se sintió frustrado sobremanera cuando un día leyó en la Biblia lo siguiente: "Porque hay un solo Dios, y un solo mediador entre Dios y los hombres, Jesucristo hombre" (1 Timoteo 2:5).

Algo estaba errado. Con la Biblia o con el dogma. En aquella ocasión prefirió no pensar. Sentía que la duda disminuía su capacidad de amar a Dios. Aunque su mente analítica lo obligaba a pensar, decidió someterse a la disciplina. Aceptó lo que la tradición de la iglesia afirmaba. Esta actitud no cuadraba con su manera de ser. Sintió que algo se quebraba dentro de él.

Años después, desarrollando ya su trabajo como sacerdote, las dudas volvieron a asaltarlo. No había manera de ser sincero e ignorar tantas incoherencias entre la Biblia y la tradición de la Iglesia ¿Quién estaba en lo cierto? ¿La Biblia o la Iglesia?

¿Había algún lugar en la Biblia donde se daba tanta autoridad a la Iglesia al punto de que esta pudiese cambiar inclusive las propias enseñanzas bíblicas?

Esto lo llevó a profundizar en el estudio de la Sagrada Escritura. Lo primero que tenía que hacer era responderse a sí mismo por qué creía que la Biblia era la Palabra de Dios. San Pablo decía categóricamente: "Toda la Escritura es inspirada por Dios, y útil para enseñar, para redargüir, para corregir, para instruir en justicia" (2 Timoteo 3:16).

Al decir inspirada por Dios, el apóstol estaba afirmando que aunque los escritores bíblicos fueron seres humanos, el mensaje provenía de Dios: "Porque nunca la profecía fue traída por voluntad humana, sino que los santos hombres de Dios hablaron siendo inspirados por el Espíritu Santo" (2 Pedro 1:21).

¿Qué podría hacer Sixto con esta verdad cristalina? Al principio se sentía como un pecador por alimentar dudas. Pasaba noches enteras en vigilia y oración, pedía perdón a la Virgen por dudar de ella. Ayunaba y hacía constantes actos de penitencia, alegando que todo aquello no pasaba de una tentación pasajera que desaparecería con el tiempo. Su mente parecía un volcán a punto de explotar.

\* \* \*

Había transcurrido cinco años desde el inicio de su ministerio cuando sucedieron dos cosas que sacudieron su vida. La primera fue conocer a Ana, una joven católica fiel. Sus ojos parecían dos remansos de aguas tranquilas que le infundían paz en medio de la tormenta de confusiones que estaba viviendo. Al principio Sixto no lo quería reconocer, pero su corazón saltaba cada vez que conversaba con Ana. Hablaban de la vida religiosa. Con el tiempo, el joven sacerdote empezó a compartir sus inquietudes teológicas. Su corazón le decía que podía confiar en aquella joven.

—¿Crees que la Biblia es la Palabra de Dios? —le preguntó un día, con la voz cargada de emoción.

—Claro —respondió Ana—. ¿Por qué dudas?

—¿Crees que la autoridad de la Biblia está por encima de cualquier enseñanza humana?

—¡Absolutamente!

—¿Sería posible que con el tiempo algunas partes de la Biblia quedasen obsoletas y fuese necesario que la Iglesia las actualizara?

Ana levantó los hombros en señal de duda. Le preocupaba la incertidumbre del padre Sixto con relación a puntos fundamentales de la fe católica.

Decidieron abrir las Escrituras juntos y encontraron versículos que en lugar de aclararles la mente los confundían. "Sécase la hierba, marchítase la flor; mas la palabra del Dios nuestro permanece para siempre" (Isaías 40:8), afirmaba el profeta Isaías. La eternidad de la Palabra de Dios era incuestionable. San Pablo, hablando de Dios, afirmaba que "Jesucristo es el mismo ayer, y hoy, y por los siglos" (Hebreos 13:8).

Si Dios es eterno y su Palabra no cambia, ¿qué pasó con la declaración de Pablo de que Jesús era el único intercesor entre Dios y los hombres? ¿En qué momento eso dejó de ser verdad y la virgen María empezó también a interceder por la raza humana?

Lo que más le preocupaba no era el hecho de aceptar o no a la virgen María como intercesora, sino cuestionar la autoridad de la Biblia como la Palabra de Dios. Lo primero era apenas consecuencia de algo mucho más serio. Si la Palabra de Dios podía ser modificada, se abría las puertas para la entrada de cualquier otro tipo de error humano.

Un domingo de mañana, durante la misa compartió algunas de sus inquietudes con la feligresía. Eso fue motivo para que el obispo lo llamase.

—Usted no puede confundir a la iglesia de esa manera —le

advirtió el obispo—. Las personas vienen a misa para ser alimentadas, no para ser confundidas con sus dudas personales.

—Pero es que mis dudas no son personales, tendrían que ser de todos los cristianos. Existe incoherencia entre la Biblia y lo que enseñamos —respondió Sixto, convencido de lo que estaba afirmando.

Hubo un silencio sepulcral. La autoridad religiosa lo miraba sin pestañear. Con los ojos bien abiertos. Como si no creyese lo que estaba oyendo.

—No puedo ser sincero y callar mis convicciones —continuó Sixto, rompiendo el silencio.

Parecía un niño que fue descubierto mientras hacía algo prohibido.

—Usted no tiene convicciones, padre. Lo que usted tiene son dudas, tentaciones y falta de fe en los dogmas de la iglesia. Le vamos a dar seis meses para que reflexione. Serán seis meses de ayunos, penitencias y oraciones. Permanecerá enclaustrado y se le retirarán las funciones sacerdotales.

Sixto se enclaustró. Fueron seis meses de oración y estudio de la Biblia. En este punto surge el segundo incidente que estremeció su vida. Había llevado al claustro el libro *Solamente por fe* de Martín Lutero, que había recibido de un pastor luterano mientras ambos servían como capellanes en el ejército chileno. Mediante la lectura de este libro y la investigación de la Biblia, Sixto llegó a la conclusión de que las penitencias estaban fuera de lugar en la experiencia de un cristiano. La salvación no era por obras. Era únicamente por la fe. "Porque por gracia sois salvos por medio de la fe; y esto no de vosotros, pues es don de Dios, no por obras, para que nadie se gloríe" (Efesios 2:8, 9), afirmaba San Pablo.

¿Qué valor tenía entonces la penitencia? ¿Por qué la iglesia enseñaba algo que no estaba en la Biblia? Esto lo llevaba de vuelta al tema de la autoridad bíblica.

¿Qué otras pruebas tenía él acerca de la inspiración de la

Biblia, además de las declaraciones de los escritores bíblicos? El Espíritu Santo lo llevó a las siguientes conclusiones:

La primera fue que la Biblia había sido escrita durante un período de 1.500 años. Moisés, autor del primer libro no conoció a Juan, escritor del último. Oseas no conoció a Esdras, ni Mateo a Isaías o Lucas a Jeremías. Sin embargo, todos escribieron el mismo mensaje. Es como si un día los 40 escritores bíblicos se hubiesen reunido para combinar lo que cada uno escribiría a fin de preparar un libro con una unidad de mensaje inquebrantable. Esto sólo prueba que detrás de todos ellos estaba la mente divina, inspirándolos a escribir el recado de Dios a los hombres.

Otra conclusión a la que llegó fue la exactitud de las profecías cumplidas. Aunque era verdad que todavía encontraba profecías que no entendía, como las de Daniel y Apocalipsis, había otras que confirmaban su fe en las Escrituras. Una de ellas fue la descripción de Isaías: "Él está sentado sobre el círculo de la tierra, cuyos moradores son como langostas" (Isaías 40:22).

Cuando el profeta escribió esto, la ciencia de aquellos días afirmaba que la tierra era plana y cuadrada. La Biblia ya decía que era redonda. Cristóbal Colón probó el 12 de octubre de 1492 que la Biblia tenía razón.

Finalmente, lo que conmovía su corazón era el haber escuchado tantas historias acerca del poder transformador de la Biblia. Él mismo, últimamente, sentía paz sólo cuando abría las Escrituras. Era como sí cada palabra escrita fuese la propia voz de Dios diciendo: "Hijo, déjame llevarte por los caminos de esta vida, permíteme conducir tus pies por las veredas de justicia".

Los seis meses de suspensión sacerdotal le parecieron una eternidad. Fueron noches y días de intenso sufrimiento.

Toda la vida había depositado su confianza en lo que enseñaba la Iglesia. Ahora, él era uno de ellos, pero cuanto más estudiaba la Biblia, más desconfiaba de la Iglesia y de sus enseñanzas.

Con la Biblia abierta no podía negar la autoridad de la Biblia, ni la importancia de su estudio. Leyendo un día el relato de los Hechos de los Apóstoles encontró lo siguiente: "Y éstos eran más nobles que los que estaban en Tesalónica, pues recibieron la palabra con toda solicitud, escudriñando cada día las Escrituras para ver si estas cosas eran así" (Hechos 17:11).

¿De quién está hablando Lucas en este relato? De los cristianos de Berea. El escritor bíblico afirma que estos bereanos eran más nobles. La palabra noble en el original griego es *eugenesteros*. Significa de mente más aguda, más inteligente, que no se deja engañar. Los bereanos eran nobles porque hacían dos cosas. Primero, recibían la Palabra y después la escudriñaban, la analizaban, la investigaban, con un único propósito: Para "ver si estas cosas eran así".

Los cristianos de Berea eran personas deseosas de entender la voluntad divina. No se conformaban con lo que los líderes religiosos decían. Querían saber por ellos mismos si lo que se les enseñaba estaba registrado en la Sagrada Escritura. Por eso pasó a la historia como gente "más noble".

Este pasaje trajo alivio al corazón de Sixto, porque, al contrario de lo que el obispo le había dicho, calificándolo de "inseguro", "lleno de dudas" y "falto de fe", la Biblia afirmaba que él era noble, justamente por querer saber "si estas cosas eran así".

\* \* \*

Al terminar los meses de retiro espiritual, en el corazón de Sixto no había más dudas. Sabía lo que iría a hacer. Se presentó de nuevo ante el obispo.

—Espero que haya reflexionado bastante y que sus dudas hayan desaparecido —le dijo con voz adusta el jefe eclesiástico de la región.

Sixto no quería ser descortés. A pesar de los descubrimientos que había hecho durante los meses de enclaustramiento, respetaba a la iglesia y a sus autoridades. Por eso, levantó la mirada con timidez, pero con firmeza, y declaró:

—He llegado a una conclusión. Si quiero seguir siendo honesto con Dios, con la iglesia y conmigo mismo no puedo continuar siendo un sacerdote católico. Estoy dispuesto a renunciar al oficio sacerdotal asumiendo todas las consecuencias que implica esta decisión.

Los ojos del jefe religioso parecían dos bolas de fuego.

—¿Es su última palabra?

—Sí señor. No necesito más tiempo para pensar. Mi decisión está tomada.

Todos los sueños que Sixto abrigara en su corazón parecían haberse hecho pedazos con este corto diálogo. El joven sacerdote sabía lo que le aguardaba. La vida no sería fácil para él a partir de ese momento. ¿Cómo daría a conocer esta decisión a su madre y a su abuela? ¿Cómo sobreviviría de allí en adelante si toda la vida se había imaginado un sacerdote? Era un asunto de vocación, de alma, de objetivo de la vida.

Las dificultades materiales poco le importaban. Su preocupación tenía que ver con el corazón. Aunque la mente le decía que había tomado la decisión correcta, su corazón se negaba a aceptarla. Sufría. Se sentía asfixiado. Dolía por dentro.

Repentinamente, Sixto se vio desorientado. Sin saber adónde ir ni qué camino seguir. Los únicos bienes que llevó consigo del convento fueron la Biblia, el libro *Solamente por fe* y la convicción profunda de que, aunque en ese momento estuviese sufriendo mucho, el camino correcto era continuar estudiando la Biblia y descubriendo las maravillas de la Palabra de Dios.

En su estudio diario había encontrado el siguiente versículo: "Porque mandamiento tras mandamiento, mandato sobre mandato, renglón tras renglón, línea sobre línea, un poquito allí, otro poquito allá" (Isaías 28:10).

Eso es lo que haría, seguiría su estudio comparando un versículo con otro. Estaba seguro que el Espíritu de Dios lo guiaría hacia la verdad, y la verdad finalmente lo libertaría.

\* \* \*

Ana no había dejado de pensar en las angustias y dudas del padre Sixto. Cuando un día no lo vio más en la parroquia, preguntó por él y supo que, privado de sus funciones sacerdotales, el padre Sixto se había retirado a un convento franciscano para reflexionar.

Había pasado casi un año sin verlo. No tenía noticias de él. Todos los días a la hora del tercio mencionaba al joven sacerdote en sus oraciones. Era consciente de las luchas espirituales que Sixto enfrentaba. Sabía que era un hombre sincero y las dudas que lo atormentaban eran justamente fruto de su sinceridad y de su honestidad.

Las semanas y los meses habían pasado. Con el tiempo pensó que nunca más lo volvería a ver. Por eso, aquella mañana fría de julio, mientras volvía de la panadería con una bolsa entre los brazos, no pudo creer lo que estaba viendo. Sixto estaba allí, delante de ella, sin sotana, vistiendo un pantalón azul y una camisa cuadriculada de franela.

—¡Dios mío! —la expresión fue impensada. Como impensado también fue el abrazo que se dieron.

—¿Qué es de su vida, Padre?

—Pues aquí estoy, de vuelta.

—¡Está diferente! ¿Qué le pasó?

Era verdad. Era diferente. El padre Sixto, afligido por mil inquietudes, no era ese joven seguro, lleno de confianza y de expectativas con relación al futuro. Después de intercambiar noticias, convinieron una hora para reunirse con el fin de estudiar la Biblia.

Aquella tarde en la casa de Ana, la joven no se cansaba de preguntar. Sixto, abriendo la Biblia, le leía un versículo tras otro para apoyar sus afirmaciones.

—Mira lo que dice David: "Lámpara es a mis pies tu palabra, y lumbrera a mi camino" (Salmo 119:105). La Palabra de Dios alumbra. Donde hay luz no puede haber ambigüedad ni sombras. Las cosas deben ser claras. Esa claridad sólo la podemos encontrar en la Biblia.

—Pero yo siempre leí la Biblia y no la entendía — replicó Ana.

—Es porque la leías sola. Muchas veces una persona necesita auxilio para entender. Mira por ejemplo la situación del etíope que un día se dirigía de Jerusalén a Gaza, leyendo la Biblia: "Acudiendo Felipe, le oyó que leía al profeta Isaías, y dijo: ¿Pero entiendes lo que lees? Él dijo: ¿Y cómo podré, si alguno no me enseñare?" (Hechos 8:30, 31).

—¿Quiere decir que nosotros podemos estudiar la Biblia juntos? ¿Tú me puedes ayudar?

—Claro —respondió Sixto—. Si somos sinceros, Dios nos va a ayudar a encontrar la verdad. Ve lo que dice San Pablo: "Lo cual también hablamos, no con palabras enseñadas por sabiduría humana, sino con las que enseña el Espíritu, acomodando lo espiritual a lo espiritual. Pero el hombre natural no percibe las cosas que son del Espíritu de Dios, porque para él son locura, y no las puede entender, porque se han de discernir espiritualmente" (1 Corintios 2:13, 14).

A partir de aquel día Ana y Sixto se reunían dos veces por semana para estudiar temas de la Biblia. El tiempo pasó. Sin percibirlo, ambos jóvenes se descubrieron enamorados el uno del otro.

—Anita —le dijo un día Sixto, mirándola a los ojos, mientras su mano temblaba, tocando la mano de la joven—. Estoy enamorado de ti. Creo que siempre lo estuve, desde cuando era sacerdote. En aquel tiempo era un sentimiento prohibido. Ahora puedo decirte sin temor: Te amo.

Los ojos de Ana se llenaron de lágrimas. En alguna ocasión también su corazón había dejado asomar ese sentimiento, pero inmediatamente lo había ahogado. Sentía que estaba soñando, que todo era fruto de su imaginación. Sixto estaba delante de ella, mirándola sin pestañear, esperando que ella dijera algo, aunque ambos sabían que existen momentos en la vida en que no es necesario decir nada. La mirada lo dice todo.

Dos años después estaban casados.

* * *

Dieciocho años es mucho tiempo. Cuando se ama, sin embargo, parecen 18 días. La vida para Sixto y Ana parecía no estar limitada por el tiempo. En esos 18 años Dios los bendijo con dos hermosos hijos y los ayudó a descubrir muchas verdades en la Biblia. No les faltaban recursos materiales para sobrevivir. Podrían considerarse plenamente felices, si no fuese por un detalle.

Sixto empezó a tener problemas nuevamente. Pasaba noches sin dormir. Durante el día, nervioso, discutía con la esposa y los hijos. Nadie, ni él mismo, podía definir lo que sucedía. Últimamente, Sixto había visitado muchas iglesias evangélicas. Sabía que Dios tenía un remanente en esta tierra.

Estudiando el libro de Apocalipsis, había encontrado lo siguiente: "Entonces el dragón se llenó de ira contra la mujer; y se fue a hacer guerra contra el resto de la descendencia de ella, los que guardan los mandamientos de Dos y tienen el testimonio de Jesucristo" (Apocalipsis 12:17).

Este versículo perturbaba particularmente a Sixto. Sabía que en este texto, la mujer era símbolo de la iglesia de Dios. Luego, había una descendencia de ella en nuestros días. Había un remanente. La iglesia verdadera de Dios no había desaparecido y él tenía que encontrarla. ¿Dónde? De acuerdo con este versículo esa iglesia tenía dos características: Creía en Jesucristo y guardaba los mandamientos de Dios.

Estudiando con más ahínco, descubrió los mandamientos de Éxodo 20 y se preguntó: "¿Acaso todo esto ya no pasó? ¿No fue el propio Señor Jesucristo que puso fin a todo esto al morir en el Calvario?"

Esta lucha interior fue la que empezó a dejarlo completamente desconcertado. No era sólo un conflicto mental. Estaba afectando sus emociones y consecuentemente sus relaciones con las personas, con los amigos y con la familia. Profesionalmente también se vio afectado, y debido a esta situación aparecieron problemas financieros.

Cierta noche Ana se acercó para conversar seriamente con él.

—Tenemos que darle un rumbo a nuestra vida —le dijo —. Esta situación no puede continuar como está.

—¿No estás satisfecha? —preguntó él, con un tono de ironía en su voz.

—Sabes a lo que me refiero. Hemos sido felices por 18 años. Todo este tiempo he estado a tu lado en las buenas y en las malas, pero últimamente resulta difícil convivir contigo. Estás insoportable, nervioso, irascible y lo peor de todo, empiezas a descuidar tus responsabilidades como jefe de esta familia.

Sixto sabía que su esposa tenía razón. Lo que ella decía era verdad. Los conflictos interiores eran más grandes que sus propias fuerzas y casi lo paralizaban. Fue en esas circunstancias que Sixto encontró finalmente lo que tanto buscaba.

Una noche de septiembre, sentado en el sofá de la sala buscaba en la televisión algún programa que valiese la pena. Se detuvo en el canal 25, que transmitía en vivo una conferencia evangelizadora desde la ciudad de La Paz, en Bolivia.

El mensaje despertó su interés. Hablaba de un líder religioso, un profeta llamado Jonás. Aquella semana yo estaba predicando temas extraídos del libro de Jonás. El profeta que se negó a cumplir la misión de ir a Nínive y presentar el mensaje divino era un hombre lleno de conflictos espirituales. El resultado de esos conflictos era el sentimiento de confusión y rebeldía que no lo dejaba vivir en paz. Dios permitió que este hombre fuese al fondo del mar y llegase a ver la muerte de cerca para entender que "La salvación es de Jehová" (Jonás 2:9).

Al fin del mensaje hice un llamado y dije: "No importa quién eres. Tal vez un líder religioso que lucha para entregarse definitivamente a Jesús. Conocer la religión no es necesariamente conocer a Jesús. La religión tiene que ver sólo con conceptos bíblicos que no siempre afectan la vida, pero Jesús transforma el corazón y en consecuencia cambia toda la vida. Esta noche te estoy invitando a aceptar a Jesús. Deja a un lado tus preconceptos, tu orgullo intelectual, tus diplomas y ven a Jesús como si fueses un niño. Tráele tus conflictos, tus angustias y confusiones. Deja que él coloque paz en tu corazón".

Sixto tenía los ojos fijos en la televisión. Yo estaba describiendo todo lo que él sentía. Tal vez el gran drama de su vida fuese confiar demasiado en su agudeza mental, en su espíritu analítico. Aquella noche entendió que tenía que dirigirse a Jesús como un niño. Sin pensarlo, se encontró repentinamente arrodillado, clamando por la misericordia divina.

Cuando Sixto se levantó de sus rodillas aquella noche sintió una paz profunda en su corazón. A partir de aquel momento muchas cosas cambiarían en su vida. Para mejor.

* * *

Me encontraba en La Serena, ciudad costeña bañada por el océano Pacífico en la cuarta región de Chile. Había aproximadamente dos mil personas reunidas para escuchar la Palabra de Dios. Antes de comenzar la predicación, alguien contó la historia de un sacerdote católico que hacía poco tiempo había sido bautizado por inmersión, conforme al mandato bíblico.

Lo llevaron al frente acompañado de su esposa. Emocionado, dio su testimonio. Después me llamaron para saludarlo. Me sonrió con timidez. Lo abracé. Había emoción en aquel abrazo. Era un hombre sencillo y cristalino. Otra conquista del amor divino. Era Sixto.

# Hermanos de sangre

*M*ediodía. El sol brillaba esplendoroso, ardiente, golpeando con rigor la cabeza descubierta del soldado Moliner. En posición de firme, hacía tres horas que el recluta cumplía el castigo que le había sido impuesto. De frente ante un muro de piedra, mientras el sudor le resbalaba por el rostro, leía una y otra vez la frase de Calderón de la Barca escrita en todos los cuarteles de infantería del ejército español:

"Aquí la más principal hazaña es obedecer, y el modo cómo ha de ser es ni pedir ni rehusar. Aquí, en fin, la cortesía, el buen trato, la verdad, la firmeza, la lealtad, el valor, la bizarría, el crédito, la opinión, la constancia, la paciencia, la humildad y la obediencia, fama, honor y vida son caudal de pobres soldados; que en buena o mala fortuna la milicia no es más que una religión de hombres honrados".

Fue así que Javier Moliner Tello se hizo un soldado disciplinado, obediente, duro y decidido. Había encarnado completamente los principios de la vida militar. Por eso fue nombrado sargento encargado de instruir, corregir y disciplinar a los reclutas. La patria les exigía un año de vida.

El celo del sargento Moliner por las normas de la vida militar era exagerado. Corría un proceso del consejo de guerra contra él. El delito: abuso de autoridad. Le había dado una paliza a un soldado por no ajustarse a las normas del ejército.

A pesar de eso sus superiores lo mantenían en la función. En la opinión de ellos, no había nadie mejor que el sargento Moliner para formar soldados valientes e intrépidos. Tenía fama de malo. Y lo era. Los soldados temblaban delante de él.

Implacable con los indisciplinados. Duro con los tímidos. Intransigente con los holgazanes. Todo eso contribuía para alcanzar los objetivos que el ejército perseguía.

Llegaron los reclutas aquel año. El sargento Moliner llamó a sus cabos y les ordenó:

—Adiestren a los soldados y si alguno tiene un problema que ustedes no pueden resolver, me lo traen.

Los cabos eran hombres formados personalmente por el sargento Moliner. Feroces y rígidos. No había soldado capaz de desobedecerles. Que alguien fuese llevado al sargento era un caso realmente extraordinario.

Sucedió que un día, uno de los cabos le llevó un caso inédito en el ejército español.

—Mi sargento —dijo el soldado en posición de firmes—, soy cristiano y debo descansar el sábado. Dios así lo ordena en el cuarto mandamiento.

El sargento era ateo. Nunca había leído la Biblia. Mucho menos había oído hablar del sábado. La única religión que él conocía era la frase de Calderón de la Barca: "La milicia no es más que una religión de hombres honrados". No podía entender cómo alguien se atrevía a darle una orden al soldado sin pasar por él, que era el sargento responsable de aquel batallón.

—¿Usted sabe donde está, soldado? Este es el ejército. No un convento. Aquí no se habla de Dios. Aquí se obedece. El único responsable por las órdenes soy yo.

—Pero mi sargento…

—¡Retírese de mi presencia!

—Perdón mi sargento…

—¿No me ha oído soldado? ¡Retírese de mi presencia!

El soldado se retiró. Más tarde hizo llegar al sargento una carta, en la que el pastor de su iglesia abogaba por el derecho que el soldado tenía de descansar el sábado. Era un asunto de conciencia.

El sargento ya tenía un proceso por abuso de autoridad. No quiso empeorar su situación y llevó la carta al capitán de la compañía. Al cabo de dos horas el capitán lo llamó y le dijo:

—Sargento, el soldado tiene razón. Según el artículo 14 de la Constitución española nadie puede ser discriminado por razón de sexo, raza o religión.

—Capitán, ¿usted se imagina el precedente que esta situación va a abrir? ¿Adónde irán las normas del ejército? Cualquier soldado va a inventar alguna disculpa y nosotros nos vamos a ver obligados a ceder.

—Lamento, sargento. Es la Constitución y nosotros debemos ser los primeros en obedecerla.

Moliner se retiró respirando fuego. Aquel soldadito se las iba a ver con él. Le autorizó que descansara los sábados. El resto de la semana desataba toda su ira contra el indefenso recluta.

La persecución contra el soldado Oscar Martínez fue implacable, injusta, dura y a veces cruel. Durante la semana, aparte de las horas de instrucción que todos los soldados recibían, Martínez tenía que limpiar las letrinas, el armamento y la cocina. Cualquier motivo, por pequeño que fuese, como botas sin brillo, cabello ligeramente crecido o alguna mancha en el uniforme, era motivo de castigo.

El sargento quería saber qué era lo que el soldado hacía los sábados. Ordenó que lo vigilasen. Los confidentes le llevaron un informe extraño.

—Mi sargento, Martínez se sienta debajo de un árbol, canta, habla solo y lee la Biblia. Nada anormal. Creemos que tiene algún desequilibrio mental.

El domingo los soldados tenían el día libre, Martínez no. Moliner determinó para el soldado cuatro horas seguidas de instrucción militar, bajo el sol, con cuatro cabos diferentes, para que estos no se cansasen. Después le ordenó dejar los baños limpios.

Al final del día, como hacía cada vez que le asignaban un castigo, Martínez se presentó al sargento:

—Mi sargento, ya cumplí con todo. ¿Ordena alguna cosa más?

Moliner estaba enloqueciendo. Llegaba a la casa nervioso y cuando la esposa le preguntaba qué sucedía, casi gritaba:

—Hay un soldado que me está sacando de quicio. Yo no sé qué tiene. Le impongo castigos terribles y él no se insubordina. Obedece callado. Hasta canta mientras cumple el castigo. Uno de los dos está loco, él o yo, no sé qué más hacer.

\* \* \*

Los meses fueron pasando. El sargento Moliner sentía que la rabia se transformaba en odio. La humildad y sumisión del soldado lo ofendían. Quería gritar. Él era el superior, pero la actitud obediente del soldado lo hacía sentir inferior. Peor. Miserable, cobarde, injusto.

Llegó a un punto en que no pudo soportar más y mandó llamar al soldado.

—Soldado Martínez —preguntó amenazadoramente—, ¿qué es lo que lo sostiene en pie para soportar tantos castigos sin insubordinarse?

Martínez lo miró a los ojos, sacó una Biblia, la abrió y sin pestañear respondió:

—Mi sargento, es Jesús el que me da fuerzas para soportarlo, porque a usted no lo quiere nadie. Todos los días oro a Dios para que le dé otro corazón y lo transforme en un nuevo hombre.

Aquellas palabras se le clavaron en el corazón como navajas afiladas.

—¡Déjese de tonterías soldado, váyase de aquí! —vociferó mientras apuntaba a la puerta.

—Busque a Jesús en las Sagradas Escrituras, mi sargento —continuó diciendo el soldado antes de salir—. En la Biblia encontrará respuestas para sus inquietudes.

Cuando la puerta se cerró tras el soldado, el sargento estaba rojo como un tomate. Sudaba. Le temblaban las manos. Tenía un nudo en la garganta. No sabía si llorar o gritar. Si correr o sentarse. Sólo presentía que a partir de aquel día, nunca más sería el mismo. No sabía definir lo que le estaba sucediendo. Las palabras del soldado resonaban en su mente y sacudían su corazón:

Busque a Jesús. ¿Para qué? ¿Por qué necesitaba él de Jesús? Aquella frase no tenía sentido y sin embargo lo conmovía. Lo atormentaba, le dolía. Lo dejaba confundido.

Aquella noche no pudo dormir. Pensó buscar un psicoanalista. No era normal que el soldado estuviese todo el tiempo en su mente. ¿Por qué tenía que importarle tanto la vida de un recluta?

La esposa trataba de consolarlo:

—No le des importancia —le decía—. Creo que estás exagerando.

—Pero es que tú no lo conoces, Rosi —respondía afligido—. Es irritante, es… no sé como explicarte, ¡olvídalo!

Pero él no lo olvidaba. El soldado Martínez se había vuelto el tema de conversación de todas las noches. Moliner llegaba a casa trayendo novedades cada día.

Una noche a la hora de la cena le dijo a Rosi:

—¿Sabías que el tipo hoy no almorzó? ¿Dice que no come cerdo? ¡Imagínate!

—¿Pero que tiene que ver eso contigo?

—No sé, él vive inventando cosas sólo para irritarme.

* * *

Era un domingo soleado. El sargento y su esposa paseaban tomados de la mano por el parque de la ciudad. Repentinamente Moliner quedó como extasiado. Apuntando con el dedo murmuró:

—Ahí está Rosi, es él, el soldado que me está dejando loco.

Martínez y su novia sentados en el césped conversaban animados. No percibieron la llegada del sargento.

—¡Soldado Martínez! —la voz del sargento sonó como un trueno. Como un relámpago el soldado se puso de pie. Prestó el saludo militar.

—Mira Rosi, este es el soldado del que te hablé.

El soldado, avergonzado, casi suplicó:

—No, por favor sargento, que estoy con mi novia.

Inesperadamente, Moliner hizo algo que él mismo no había imaginado:

—Los invito a cenar.

—Gracias, señor, nosotros ya nos vamos.

—Te he dicho que los invito a cenar y no me discutas.

—¡A sus órdenes mi sargento! —respondió el soldado en posición de firmes.

Fueron a un restaurante. El sargento pidió camarones y vino para los cuatro.

—Mi sargento, usted sabe que no como ciertas comidas ni bebo alcohol.

Moliner miró a su esposa y le dijo:

—¿Te das cuenta Rosi? Tú decías que yo exageraba, pero él es así todo el tiempo.

\* \* \*

En la vida todo pasa. Los tiempos buenos y los tiempos malos. Pasa el dolor y la alegría. Los meses vienen y se van. Todo lo que empieza termina. Aquel año infernal en la vida del soldado Martínez también llegó al fin. Cumplió su obligación y dejó el ejército.

Pasaron tres años. Cierto día, el Sargento Moliner y su esposa pasaban las vacaciones en el Puerto de Sagunto. Fueron invitados una noche a cenar con amigos. En ese grupo había una pareja cristiana.

Antes de iniciar la cena, la pareja pidió permiso para agradecer a Dios por la comida. Aquella actitud trajo a la mente del sargento el recuerdo ingrato del soldado Martínez. Empezó a mirar a aquella pareja con desconfianza y aprensión. Se preguntó a sí mismo: "¿Será que estos santulones me van a perseguir por todas partes? ¿Será que los voy a encontrar vez tras vez en mi vida?"

En la mitad de la cena, Moliner preguntó intempestivamente:

—¿Usted también guarda el sábado?

—¿Por qué también? ¿Conoces a otro que lo guarda?

Moliner se arrepintió de haber preguntado. Sin querer, había abierto las puertas a una conversación de temas espirituales. Para confundirlo más, el centro del asunto no fue el sábado, sino Cristo. Aquella pareja hablaba de una forma tierna y dulce cada vez que se refería a Jesús. Las palabras cargadas de emoción, convicción y realismo daban la impresión de que Jesús estaba sentado a la mesa con ellos.

El sargento preguntó muchas cosas. Las respuestas que recibía eran fundamentadas en la Biblia. La pareja no decía lo que pensaba sino lo que estaba escrito en la Palabra de Dios. Eso agradó mucho al ansioso militar. Sintió como si una ventana se abría y sus ojos contemplaban un horizonte sin fin. La gente reunida en esa mesa parecía feliz. No era algo hueco, artificial y exterior. Era felicidad que nacía del alma y se reflejaba en las miradas, palabras y actitudes.

Todo eso conmovió al duro e incrédulo sargento. Fue por eso que aceptó estudiar la Biblia cuando alguien le preguntó:

—¿Quisieras conocer más de los misterios divinos?

—Sí —respondió. Tenía ganas de aprender más.

Aquel agosto, Moliner y Rosi se la pasaron tomando estudios bíblicos. La mente de ambos estaba llena de interrogaciones. Cierto día preguntó al instructor bíblico:

—No entiendo lo que quieres decir. Si somos salvos únicamente por la gracia maravillosa de Jesús, ¿por qué es necesario guardar los mandamientos?

El instructor lo miró con amor. Esa era una pregunta que muchos cristianos sinceros le hacían.

—Mira —respondió—, la salvación tiene dos aspectos: La causa y el resultado. La obediencia de los mandamientos no es la causa de la salvación. La causa es la gracia. Somos salvos únicamente por la gracia. No por obras ni por obediencia. Solamente por lo que Jesús hizo en la cruz del Calvario. Pero, si ahora somos salvos, deben aparecer los resultados. Debemos vivir como personas que han sido salvadas, y Jesús dijo: "Si me amáis, guardad mis mandamientos" (S. Juan 14:15).

—La obediencia no es para alcanzar la salvación. Es solamente una expresión del amor que sentimos por Jesús. Es una evidencia de que lo conocemos. "Y en esto sabemos que nosotros le conocemos, si guardamos sus mandamientos. El que dice: Yo le conozco, y no guarda sus mandamientos, el tal es mentiroso, y la verdad no está en él… El que dice que permanece en él, debe andar cómo él anduvo" (1 Juan 2:3, 4, 6).

—¿Quiere decir que ser cristiano es andar como Jesús anduvo?

—Exactamente, y también hacer todo lo que Jesús hizo.

—Pero, ¿Jesús guardó el sábado?

—Claro, mira lo que dice Lucas: "Vino a Nazaret, donde se había criado; y en el día de reposo entró en la sinagoga, conforme a su costumbre, y se levantó a leer" (S. Lucas 4:16).

—Observa que el texto dice "conforme a su costumbre". No era algo esporádico. Lo hacía siempre. Al venir a este mundo Jesús había dicho: "No penséis que he venido para abrogar la ley o los profetas; no he venido para abrogar, sino para cumplir. Porque de cierto os digo que hasta que pasen el cielo y la tierra, ni una jota ni una tilde pasará de la ley, hasta que todo se haya cumplido" (S. Mateo 5:17, 18).

Moliner estaba confundido. Los últimos días leía la Biblia con ansiedad. Su mente tenía dificultades para procesar el caudal de información recibida en poco tiempo. Por eso continuó preguntando:

—El texto que acabas de leer dice que Jesús entró a la sinagoga "en el día de reposo", pero no dice que ese día era el sábado.

—Efectivamente, no dice sábado. Para saber cuál es el verdadero día de reposo debemos buscar la respuesta en la propia Biblia. Al narrar el relato de la creación, Moisés dice: "Fueron, pues, acabados los cielos y la tierra, y todo el ejército de ellos. Y acabó Dios en el día séptimo la obra que hizo; y reposó el día séptimo de toda la obra que hizo. Y bendijo Dios al día séptimo, y lo santificó, porque en él reposó de toda la obra que había hecho en la creación" (Génesis 2:1-3).

—¿Te das cuenta que el día que Dios reposó, bendijo y santificó, fue el séptimo día? Ahora dime, ¿cuál es el séptimo día de la semana?

—El sábado —respondió Moliner prontamente. Inmediatamente preguntó— El otro día encontré una persona que me dijo que el sábado era solamente para los judíos. ¿Hasta qué punto eso es verdad?

—Acabamos de leer —dijo el instructor— que el sábado fue establecido en la creación. Dios no había creado al judío. Había creado al ser humano. El propio Señor Jesús dijo: "El día de reposo fue hecho por causa del hombre, y no el hombre por causa del día de reposo" (S. Marcos 2:27). Percibe lo que dice Marcos: "hombre", no dice "judío". El sábado fue establecido para ser una bendición para el ser humano, no sólo para el judío.

—Pero, ¿cómo puede ser una bendición?

—Voy a dejar que el profeta Isaías te responda: "Si retrajeres del día de reposo tu pie, de hacer tu voluntad en mi día santo, y lo llamares delicia, santo, glorioso de Jehová; y lo venerares, no andando en tus propios caminos, ni buscando tu voluntad, ni hablando tus propias palabras, entonces te deleitarás en Jehová; y yo te haré subir sobre las alturas de la tierra, y te daré a comer la heredad de Jacob tu padre; porque la boca de Jehová lo ha hablado" (Isaías 58:13, 14).

—¿Te das cuenta de las promesas de bendición que Dios te hace si obedeces sus consejos?

—Quiero hacerte sólo una pregunta más.

—Haz todas las preguntas que quieras. La Biblia tiene respuesta para todos los interrogantes.

—¿El sábado no terminó con la muerte de Jesús? ¿El Señor Jesús no cumplió ya la ley en nuestro lugar?

—Veamos lo que dice Lucas sobre la muerte de Cristo. "Era

día de la preparación, y estaba para comenzar el día de reposo. Y las mujeres que habían venido con él desde Galilea, siguieron también, y vieron el sepulcro, y cómo fue puesto su cuerpo. Y vueltas, prepararon especias aromáticas y ungüentos; y descansaron el día de reposo, conforme al mandamiento" (S. Lucas 23:54-56).

—Hay dos expresiones que hoy quiero estudiar contigo. La primera es "descansaron el día de reposo". Date cuenta que Jesús ya estaba muerto y las mujeres que siguieron a Jesús "descansaron el día de reposo" después de su muerte. Quiere decir que el sábado continuaba siendo el día de reposo.

—La segunda expresión es "conforme al mandamiento". ¿Qué mandamiento? El cuarto mandamiento de la ley de Dios: "Acuérdate del día de reposo para santificarlo. Seis días trabajarás, y harás toda tu obra; mas el séptimo día es reposo para Jehová tu Dios; no hagas en él obra alguna, tú, ni tu hijo, ni tu hija, ni tu siervo ni tu criada, ni tu bestia, ni tu extranjero que está dentro de tus puertas. Porque en seis días hizo Jehová los cielos y la tierra, el mar, y todas las cosas que en ellos hay, y reposó en el séptimo día; por tanto, Jehová bendijo el día de reposo y lo santificó" (Éxodo 20:8-11). Ah, y por favor no me digas que la ley ya no sirve para los cristianos, porque David dice: "Las obras de sus manos son verdad y juicio; fieles son todos sus mandamientos, afirmados eternamente y para siempre" (Salmos 111:7, 8).

Cada vez que alguien te diga que la ley fue clavada en la cruz y ya no sirve para los cristianos, recuerda lo que dice David: Sus mandamientos fueron afirmados eternamente y para siempre.

—¿Quiere decir que la ley sigue vigente para los cristianos? —preguntó Moliner con los ojos bien abiertos y una expresión de ansiedad en el rostro.

—Veamos lo que Pablo dijo —respondió el instructor—. "¿Luego por la fe invalidamos la ley? En ninguna manera, sino que confirmamos la ley" (Romanos 3:31). Tú puedes ver que en la vida del cristiano auténtico hay lugar para la fe y para la ley. Una no está reñida con la otra. Cada una ocupa su lugar.

La fe es el instrumento a través del cual nos apoderamos de la gracia de Cristo. La ley es el camino por donde transita el cristiano convertido.

Aquel mes de vacaciones en el puerto de Sagunto, la vida del sargento Moliner se abrió a un mundo fascinante de plenitud y satisfacción en Cristo. Pero empezó a vivir una mezcla de sentimientos encontrados. Por un lado la alegría de conocer verdades bíblicas que le daban sentido a su vida. Por otro, tristeza, dolor y arrepentimiento porque ahora entendía al soldado Martínez. Ahora todo tenía sentido. Finalmente la aparente rebeldía de un simple soldado empezaba a encajar en el complicado rompecabezas que el sargento armaba delante de sí.

"¿Cómo pude haber hecho todo lo que hice con un joven que lo único que quería era ser fiel a Dios y a sus principios?", se preguntaba. Sentía un apretón en el pecho y lágrimas rebeldes que trataba de esconder.

\* \* \*

Terminadas las vacaciones, volvió al cuartel. Nada de la vida militar que tanto había amado parecía ya tener significado para el sargento. ¿Qué haría ahora? Quería seguir estudiando la Biblia y saber más de Jesús. Rogaba a Dios que no lo dejara solo. Suplicaba que hiciera algo en su favor.

El primer día que se presentó al cuartel, un cabo corrió a su encuentro y le dijo:

—Mi sargento, tengo una noticia interesante para usted. Acaba de llegar el nuevo grupo de reclutas. Entre ellos hay uno de esos del sábado que a usted le gustan tanto.

Una sensación de escalofrío recorrió su cuerpo. Jesús había respondido su oración. Nunca antes habían pasado por ese cuartel dos soldados que guardasen el sábado, pero en momentos cruciales de su vida, Dios los había enviado.

Mandó llamar al nuevo recluta.

El joven soldado entró temblando. Le habían hablado

mucho del sargento Moliner. Le habían contado cómo el soldado Martínez había sufrido en sus manos.

—No creo que sobrevivas —le había dicho un cabo. — El sargento va a acabar contigo.

Había llegado el momento de probar su fe. El soldado Javier Ortega se encontraba en posición de firmes delante del temible sargento Moliner.

—¿Soldado Ortega?

—¿Si señor?

—Siéntese y empiece a hablarme de Jesús.

Al principio Ortega pensó que el sargento estaba usando la táctica del sarcasmo, para empezar a torturarlo. Después notó que el sargento lo miraba de manera diferente, humana, casi con ternura. Aquel hombre era sincero.

—Hace tres años —dijo el sargento— estuvo aquí otro soldado cristiano. Lo hice sufrir mucho. Lo perseguí, lo maltraté, lo humillé. Pero estas vacaciones he encontrado a Jesús y contigo todo va a ser diferente. Voy a darte toda la libertad y las oportunidades que necesitas para servir a Dios y serle fiel. Voy a hacer por ti lo que no hice por Martínez.

* * *

Los meses pasaron. El sargento Moliner continuó estudiando la Biblia. Al llegar mayo entraría a las aguas del bautismo junto a su esposa y su hija.

Antes de su bautismo trató de encontrar el teléfono del ex soldado Martínez. Fue muy difícil. Finalmente alguien se lo entregó, justamente el viernes antes de su bautismo. Ya era tarde. Al día siguiente sería bautizado. Quería que el soldado Martínez estuviese presente. Aparentemente, eso ya no sería posible.

Martínez nada sabía de lo que estaba sucediendo.

Al salir del cuartel había querido olvidar todo el sufrimiento en el ejército. Aquel año había marcado terriblemente su vida. Quería borrarlo de su mente. Un viernes a las diez de la mañana sonó el teléfono de su casa. Levantó lentamente el auricular y escuchó:

—¡Soldado Martínez!

La computadora mental de Martínez identificó inmediatamente aquella voz. No la olvidaría jamás. Hasta había tenido pesadillas con aquella voz. No quería oírla otra vez. Guardó silencio.

Del otro lado de la línea, la voz continuó:

—Soldado Martínez, ¡responda!

—¡Sí señor, mi sargento! —respondió Martínez casi instintivamente.

—¡Lo estoy convocando para presentarse mañana a las nueve de la mañana aquí en Sevilla!

Martínez vivía en Vigo, a 1.200 kilómetros de Sevilla.

—Mi sargento —argumentó—, usted sabe que mañana es sábado. Yo me dedico a las cosas de Dios.

—¡Pero lo estoy convocando!

—Lo siento mucho mi sargento.

—Entonces ¿aceptaría venir si yo lo invitase?

—No puedo, señor, usted sabe, no insista.

—Soldado Martínez —la voz del sargento parecía trémula, dominada por un torrente de emoción—, si hubiese encontrado su teléfono antes lo habría llamado antes, pero apenas hoy recibí la información, así que le suplico que venga. Mañana seré bautizado en la misma iglesia a la que usted pertenece. No sabe lo que significaría tenerlo aquí conmigo.

Martínez no creía. Conocía bien al sargento. Sabía que era capaz de todo para atormentarlo. Respondió:

—Lamento mucho, mi sargento, no creo ni una palabra de lo que usted dice.

—¿Qué hago para que me crea? Yo sé que le he dado motivos para que usted me desprecie, para que no me crea, pero quiero que sepa que he aceptado a Jesús. El primer instrumento que Dios usó para alcanzarme fue usted y el dolor, el sufrimiento y las humillaciones que yo le hice pasar.

Del otro lado de la línea Martínez temblaba. Algo le decía en el corazón que por primera vez el sargento estaba siendo sincero. Por su mente desfilaron todos los actos de persecución que había sufrido.

—¿Me cree Martínez?

La pregunta del sargento lo hizo volver a la realidad.

—Le creo, mi sargento.

—No me llame más sargento, llámeme hermano. Ahora somos hermanos.

Aquella misma tarde Martínez tomó el tren.

A la mañana siguiente, en la estación de Sevilla, Moliner esperaba ansioso la llegada de su ex soldado. A las 7:45 de la mañana el tren paró en la estación. Bajó una multitud. Moliner miraba para todos lados. Su corazón parecía que iba a salir por la boca, latía escandalosamente. Sus manos temblaban. Sus piernas casi no podían sostener el peso de su cuerpo cargado de tanta emoción. De repente lo vio. Era él. El mismo rostro apacible, el mismo andar pausado, la misma mirada llena de comprensión. Cuando sus ojos se encontraron, ambos corrieron, se abrazaron y lloraron. El perseguido y el perseguidor. El sargento y el soldado. Ahora eran hermanos de sangre. La preciosa sangre de Jesús que derriba muros y construye puentes.

* * *

Me encontraba en Madrid realizando una campaña evangelizadora. Un pastor nos invitó a mí y a mi esposa a conocer la capital española. Después de mostrarnos los lugares más importantes de aquella ciudad milenaria fuimos a almorzar en las afueras de Madrid.

Mientras viajábamos, el pastor, emocionado, nos contó este milagro. Era el protagonista de la historia. Era un tizón arrebatado del fuego. Era el ex sargento Moliner.

# Las vueltas de la vida

La noticia apareció en todos los medios de comunicación: "Empresa nacional del cobre pierde 500 millones".

"Escándalo en empresa del cobre".

"¿Quién se chupó los 500 millones?"

"Terremoto: se hunden 300 millones".

Una bomba. Comentario obligatorio en oficinas, restaurantes y hasta en las esquinas de la calle.

El periodismo vive de la noticia. Cuanto más espectacular, mejor. Cuanto más inaudito e incomprensible el hecho, más vendible el producto.

El pueblo indignado trataba de imaginar cómo alguien se había apoderado de 500 millones de dólares. Después se habló de 400 millones. Se terminó diciendo que eran 200.

Juan Pablo fue preso. Alguien tenía que ser el responsable. "El joven de oro", como lo llamaban, era el corredor de la bolsa de futuro que negociaba el cobre de su país con empresas extranjeras. Durante años había dado ganancias millonarias a la empresa estatal que representaba. Sus líderes lo endiosaban. Era considerado el mago de las finanzas.

Su vida agitada lo había llevado de un país a otro. Su agudeza mental y la innata habilidad para los negocios, habían hecho de él una pieza importante para su empresa. Hasta que un día los negocios salieron mal. Así como se ganó, se perdió. Entonces pasaron a considerarlo un paria.

\* \* \*

Sentado en el bar de un hotel en París, Juan Pablo veía que

se desmoronaba el castillo que había construido a lo largo de los años. Sabía que al llegar a su país sería preso. Era la persona clave en los negocios, pero la pieza más débil en el engranaje político. Sabía que su nombre sería difamado. Lo acusarían sin piedad. Esos son los gajes del oficio. Vencer o ser vencido. Ganar o perder.

Si fuese verdad que tenía dinero escondido en paraísos fiscales, no volvería a su tierra. Con millones de dólares es fácil vivir en el anonimato en cualquier lugar del mundo.

Juan Pablo no tenía religión. De niño había sido católico. Había hecho la primera comunión. Al crecer, se olvidó de todo eso. Pero tenía principios que normaban su vida. Uno de ellos era: Enfrenta tu responsabilidad. No huyas. No te acobardes. La peor derrota es la batalla que no se peleó.

No huiría. Al día siguiente tomaría el avión para enfrentar la tormenta que le esperaba en su país.

\* \* \*

Fue odiado por millones de personas. La prensa proyectó la imagen de un hábil estafador que se embolsó millones de dólares. La justicia se vino encima de él con toda saña. Perdió literalmente todo lo que poseía. Quedó sin nada. Le restó apenas la vergüenza y el dolor de ver a su familia humillada.

Lo había tenido todo. Había viajado por el mundo. Se había hospedado en los mejores hoteles y comido en los restaurantes más sofisticados. Ahora vivía en una celda humilde, compartiendo el poco espacio con otros cinco presos.

A veces Dios permite que llegues al fondo del pozo para acordarte que eres criatura y que existe un Dios creador a quién perteneces.

Jonás reconoció esta verdad en la profundidad del mar, dentro del estómago de un pez gigantesco.

Saulo de Tarso lo hizo en el polvo del desierto, camino a Damasco, cuando fue derribado por su propio orgullo. La soberbia de su corazón no le había permitido notar la insensatez de su vida. Hasta aquel día.

Nabucodonosor abrió los ojos y el corazón a Dios pastando con las bestias del campo, comiendo yerbas y durmiendo debajo de los árboles.

Mirando a la gran Babilonia, había dicho: "Esta es la Babilonia que yo construí". Mentira. Nada había construido. Él era el rey del imperio. Pero continuaba siendo apenas una criatura. Había un Dios que controlaba el destino de las naciones por encima de él.

Juan Pablo tenía mucho tiempo en la prisión. Pensó y repensó en su vida. Las luces de la gloria humana, la fascinación del poder y el deslumbramiento del dinero, prácticamente habían sacado a Dios de su existencia.

En el momento del dolor, de la vergüenza y de la aflicción, no le restó otro camino sino volver los ojos al Creador. Reconoció la insensatez de su loco corazón.

Había sido condenado a 30 años de prisión, acusado de evasión de divisas.

\* \* \*

Durante el tiempo que Juan Pablo pasó en la prisión, fue abordado por muchos cristianos sinceros. Visitaban la cárcel tratando de convencerlo a unirse a alguna iglesia. Aquello lo incomodaba. Lo hacía sentir una especie de trofeo que todos disputaban.

Cierto día sombrío de su sombría vida, vino hacia él un hombre sencillo. Vestía pantalón negro y camisa blanca. Aparentaba unos 50 años. Su rostro marcado por el tiempo no combinaba con su mirada cristalina, que trasmitía paz.

—Quisiera estudiar la Biblia contigo —le dijo sin rodeos. Su voz parecía el sonido de un riachuelo de aguas tranquilas.

—¿De qué iglesia eres? —preguntó Juan Pablo, a punto de rechazarlo.

—No quiero hablar de iglesia —respondió el extraño visitante—, quisiera hablarte de Jesús.

—Sí, pero finalmente me vas a querer llevar a alguna iglesia.

—No, sólo quiero estudiar la Biblia contigo.

—¿Para qué? ¿Qué interés tienes en estudiar la Biblia conmigo, si no quieres llevarme a tu iglesia?

—Mira, sé quién eres. Sé que estás sufriendo y quiero ayudarte.

—¿Cómo me vas a ayudar con ese libro?

—Es que en este libro Dios te va a enseñar a vivir y a encontrar el camino de la felicidad verdadera.

—¿Cómo crees que alguien puede ser feliz aquí en la prisión?

—Bueno, tú no lo puedes entender ahora. Pero si estudias la Biblia, sabrás que los hombres sólo pueden apresar tu cuerpo, nunca tu espíritu.

—Oye, eso me interesa. ¿Cómo te llamas?

—Fernando.

* * *

Fue así que Juan Pablo empezó a estudiar la Biblia. Sin preconceptos. Con una mente abierta. Con agudeza mental. Era un hombre racional. No sería loco para rechazar lo correcto. Tampoco sería ingenuo en creer todo lo que le dijesen.

Fernando lo visitaba todas las semanas. En poco tiempo Juan Pablo había entendido la esencia del evangelio: El ser humano, después de la caída de los primeros padres, nace separado de Dios y quiere vivir solo, independiente, haciendo su propia voluntad y buscando sus propios caminos. Esta terquedad natural lo lleva frecuentemente a golpearse a sí mismo y herir a las personas que más ama.

Inútilmente la criatura humana trata de cambiar el rumbo de su existencia solo. Es malo por naturaleza. Egoísta. Y aunque ve que su conducta lo lleva a la destrucción, continúa su senda loca. Nada puede hacer para cambiar. Necesita una fuerza superior a la suya. Necesita a Dios. La verdadera vida empieza cuando el ser humano, cansado de luchar y sufrir, se vuelve al Dios que lo creó.

\* \* \*

Pocos meses después de comenzar a estudiar la Biblia, Juan Pablo se entregó a Jesús. Su vida dio un giro de 180 grados. Una media vuelta. Estaba yendo para el sur. Al encontrarse con Jesús paró y empezó a caminar hacia el norte.

El resultado fue visible. Las personas que se relacionaban con él empezaron a ver los cambios en sus actitudes y quedaban sorprendidas.

Buscó libros que hablasen de Jesús y los estudiaba con avidez. Fue ahí que surgieron preguntas que lo dejaban inquieto. No entendía.

La mayoría de las iglesias evangélicas, e incluso la iglesia católica, guardaban el domingo. En la Biblia, por más que la estudiaba, no encontraba base para eso.

Un día que Fernando vino a visitarlo, lo bombardeó con preguntas.

—En la Biblia no encuentro ni un solo versículo que hable del cambio del sábado por el domingo, como día de culto. ¿Quién realizó este cambio? ¿Por qué la mayoría de los cristianos no guardan el sábado? —preguntó ansioso.

Fernando lo miró como un padre mira a su hijo y le dijo:

—Esa es una larga historia. Primero te voy a leer un versículo: "No olvidaré mi pacto, ni mudaré lo que ha salido de mis labios" (Salmos 89:34). Dios hizo un pacto con su pueblo —agregó Fernando antes de continuar—. Su pueblo recibiría la bendición si obedeciese los mandamientos de Dios. El pueblo falló pero Dios no cambió. Su Palabra continúa válida: "No mudaré lo que ha salido de mis labios", dijo. Y eso vale para hoy.

—Sí, pero, ¿cuándo se empezó a guardar el domingo?

—Esa era una costumbre muy antigua. En los tiempos de Israel ya había gente que adoraba al sol. Mira este versículo: "Que hubiere ido y servido a dioses ajenos, y se hubiere inclinado a ellos, ya sea al sol, o a la luna, o a todo el ejército del cielo, lo cual yo he prohibido" (Deuteronomio 17:3). El Señor prohibía la adoración a cualquier dios pagano. El sol, en aquellos tiempos, era uno de esos dioses paganos y el domingo recibe el nombre del sol.

—Eso que dices tiene sentido —intervino Juan Pablo—. En inglés la palabra domingo es *Sunday* y quiere decir exactamente eso: día del sol.

—Así es y el diccionario Webster define al domingo de la siguiente manera: "Domingo…así llamado, visto que en los tiempos antiguos ese día era dedicado al sol".

—Pero, ¿no guardaron el domingo los apóstoles?

—Claro que no. Lee esto: "Y discutía en la sinagoga todos los días de reposo, y persuadía a judíos y a griegos" (Hechos 18:4). Aquí se está hablando de Pablo, tu tocayo, y esta escena descrita sucedió 23 años después de la resurrección de Cristo. Es evidente que el primer día de la semana no ocupó el lugar del sábado en tiempo de los apóstoles. Este cambio no se encuentra en la Biblia, y debe haber ocurrido algún tiempo después. No fue autorizado por la Palabra de Dios.

—Pero entonces, ¿quién realizó el cambio?

—El profeta Daniel ya lo había anunciado: "Y hablará palabras contra el altísimo, y a los santos del Altísimo quebrantará, y pensará en cambiar los tiempos y la ley" (Daniel 7:25). En esta profecía, Daniel anuncia que aparecería en algún momento de la historia un poder religioso que intentaría cambiar la ley de Dios, especialmente el mandamiento relacionado con el tiempo, que es el cuarto mandamiento, referente al sábado. Hoy día, ese poder religioso admite abiertamente haber realizado el cambio, y transferido la solemnidad del culto del sábado al domingo. En ninguna parte de la Biblia se registra la autorización de Dios para este cambio. Este cambio es puramente humano.

—¿Y cómo ocurrió ese cambio? —El tono de la voz de Juan Pablo expresaba extrema curiosidad.

—Te voy a contar, mi amigo. El sábado era observado fielmente por los primeros cristianos después de la resurrección de Cristo. En aquellos tiempos los judíos se sublevaron contra los romanos y como resultado fueron perseguidos. Los judíos se escondieron en diferentes lugares y la orden para identificarlos era: "Ellos guardan el sábado". Así que todo guardador del sábado era considerado judío, inclusive los cristianos. Esto les traía problemas a los cristianos porque estaban siendo confundidos con los judíos.

Fue Sixto, obispo de la iglesia cristiana de Roma el que inició el proceso del cambio cuando determinó que en lugar de rendir culto a Dios en el sábado se celebrase el domingo en homenaje a la resurrección de Cristo, y para no ser confundidos con los judíos.

—¿Fue así de simple?

—No, este es sólo el comienzo. Otro hecho interesante es que los romanos consideraban al domingo un día de fiesta en honor al sol. Estos adoradores romanos, una vez convertidos al cristianismo, se sentían mejor adorando a Dios en el mismo día que antes adoraban al sol, o sea, el domingo.

La idea de Sixto de hacer que los cristianos celebrasen la resurrección de Cristo en el domingo en realidad llevó a los cristianos, sin darse cuenta, a adorar a Dios en el día dedicado al sol.

—Realmente fue de modo sutil, casi imperceptible —concordó Juan Pablo.

—Sí —dijo Fernando—. Alrededor de 155 d.C., Justino Martir escribió: "Y en el domingo, todo aquel que vive en la ciudad o en el campo, reúnase en un lugar… el domingo es el día que realizamos nuestras asambleas comunes, porque es el primer día de la semana, en el cual Dios... hizo el mundo; y Jesucristo, nuestro Salvador, en el mismo día, resucitó de los muertos".[1]

—¡Qué cosa sorprendente! —exclamó Juan Pablo.

—El siguiente hecho importante —continuó Fernando— ocurrió en el año 200 d.C. El obispo de Roma, Víctor, trató de reforzar la observancia del día de la resurrección entre los que no celebrasen la fiesta de la resurrección. La observancia del domingo fue el instrumento que el obispo de Roma usó para alcanzar el control de la iglesia cristiana de aquellos tiempos.

—¿Y por qué los obispos cristianos de otros lugares tenían que obedecer al obispo de Roma?

—Es que Roma era la capital del imperio y, siendo así, su obispo tenía más influencia política.

—¿Quiere decir que todos empezaron a guardar el domingo?

—No. No todos. En 450 d.C. Sócrates, un hábil historiador de la iglesia cristiana escribió: "Aunque la mayoría de las iglesias del mundo celebre los misterios sagrados del sábado, cada semana, los cristianos de Alejandría y de Roma, no lo hacen, debido a algunas tradiciones antiguas".

—Esas "tradiciones antiguas" sin duda se referían al énfasis que Sixto y Víctor le dieron al domingo —aventuró Juan Pablo, casi afirmando.

—Exactamente —respondió el instructor y continuó—. El emperador de Roma, Constantino, fue una pieza clave en este cambio. Cuando Constantino se convirtió al cristianismo, le dio fuerza al domingo, porque antes de su conversión él adoraba al sol en el domingo. La primera ley a favor del domingo fue promulgada en 321 d.C., y la iglesia cristiana, liderada por el obispo de Roma, transfirió la solemnidad del sábado para el domingo en el concilio de Laodicea en 336 d.C.[2]

—¿Y por qué los evangélicos guardan el domingo?

—Yo no podría decirte. Pero Monseñor Segur, sacerdote católico sí lo dice: "Fue la iglesia católica que, por la autoridad de Jesucristo, transfirió ese reposo para el domingo, en homenaje a la resurrección de nuestro Señor. Por lo tanto, la observancia del domingo por los protestantes es un homenaje que ellos rinden, aunque no lo quieran, a la autoridad de la iglesia católica".[3]

—¿Quiere decir que la Iglesia de Roma asume abiertamente el hecho de que cambió la observancia del sábado?

—Sí, en muchas publicaciones. Mira por ejemplo ésta: "La Iglesia Católica, por más de mil años antes de la existencia de un protestante, en vista de su misión divina, mudó la santificación del sábado por el domingo… Se puede leer la Biblia de Génesis al Apocalipsis y no se encontrará una única línea que autorice la santificación del domingo".[4]

—A la luz de todo esto, ¿una persona puede ser completamente sincera y estar totalmente engañada? —inquirió Juan Pablo.

—Así es Juan, pero lee este versículo: "Jesús les respondió: Si fuerais ciegos, no tendríais pecado; mas ahora, porque decís: Vemos, vuestro pecado permanece" (S. Juan 9:41). Lo que Jesús dice aquí es que nadie será juzgado por haber sido engañado, pero sí por rechazar la verdad. Cuando una persona "ve" la verdad, Dios desea que la siga, de lo contrario estará siendo rebelde al llamado divino.

—Pero debe ser difícil para una persona que ha creído toda su vida de una manera cambiar de opinión —afirmó Juan Pablo.

—Creo que sí —respondió Fernando—. Pero mira lo que dice Santiago: "Y al que sabe hacer lo bueno, y no lo hace, le es pecado" (Santiago 4:17). Si sabes lo que es correcto, no te resta otro camino sino obedecer.

—Pero si la persona es sincera, ¿Dios no tiene en cuenta su sinceridad?

—Voy a dejar que el propio Señor Jesucristo te responda: "Pues en vano me honran, enseñando como doctrinas mandamientos de hombres. Porque dejando el mandamiento de Dios, os aferráis a la tradición de los hombres… Bien invalidáis el mandamiento de Dios para guardar vuestra tradición" (S. Marcos 7:7-9).

\* \* \*

Juan Pablo estaba conmovido. La Palabra de Dios no admitía discusión. Era contundente. En su mente brilló un texto de la Biblia que ya había leído. "Es necesario obedecer a Dios antes que a los hombres" (Hechos 5:29).

Algunos meses después decidió bautizarse.

Un sábado de mañana. La iglesia estaba llena. Al ingresar al bautisterio y ser sumergido en las aguas, sintió que una etapa de su vida quedaba borrada para siempre. Había renacido a una nueva experiencia.

Hubo un incidente que fue la prueba definitiva de que había empezado a vivir la dimensión de la fe: El médico le diagnosticó cáncer.

Después de varios exámenes, el pronóstico de vida era de dos a tres años.

Juan Pablo se arrodilló en la celda de la prisión.

—Señor —clamó como Jonás dentro del vientre del gran pez—, te necesito más que nunca. Sé que me has perdonado. Mi vida antigua se acabó. Soy una nueva criatura. No necesito pruebas de eso, pero quisiera ver la realidad de tu poder en esta hora de aflicción física. Toca mi vida, mi cuerpo y arranca este mal de mí.

Dos meses después el diagnóstico médico sorprendió a todo el mundo, menos a él: Estaba totalmente curado.

\* \* \*

Los años pasaron. La prensa volvió a atacarlo. Esta vez el argumento era que la entrega de su vida a Jesús era sólo un disfraz para que el pueblo olvidase "los millones de dólares que se había embolsado".

Un famoso periodista lo entrevistó, en horario de mucha audiencia, para todo el país, vía satélite.

—La gente dice que te estás haciendo el santo y que tienes el dinero guardado en algún lugar. Que te hiciste evangélico sólo para engañar a las personas. ¿Es verdad?

Juan Pablo no se inmutó. Había una sonrisa en su rostro. No era sarcasmo. Era paz. Sus ojos reflejaban tranquilidad interior. Las cámaras enfocaban constantemente sus manos y su rostro para ver si alguna expresión involuntaria lo delataba. El hombre público del que más se comentó en muchos años respondió:

# INVITACIÓN

—No puedo hacer nada para que las personas cambien de opinión con relación a mí. Yo sólo sé que Jesús me encontró y cambió mi vida. No tengo nada. Lo he perdido todo desde el punto de vista material. Pero he ganado algo que no tiene precio: El amor maravilloso de Jesús.

\* \* \*

Viernes de tarde. Tenía que predicar en el auditorio de una universidad. Faltaba apenas tres horas para ese compromiso. Al día siguiente viajaría de vuelta al Brasil. No quise dejar de hacer lo que tenía en mente desde que me contaron la historia.

Las puertas de la prisión se abrieron. Fui conducido al interior. A la oficina del director.

—Espere aquí un momento —me dijo el capitán.

Esperé.

Dos minutos después apareció él.

Nadie que lo viese en ese momento podría imaginar el hombre poderoso que un día había vivido una vida loca y desenfrenada. El mago de la bolsa, que hoy estaba en Nueva York y mañana en Tokio, cerrando contratos millonarios.

El hombre que apareció aquella tarde delante de mí tenía en su rostro la expresión de alguien que se había encontrado con Jesús. En la aflicción y en el dolor, pero se había encontrado. Se podía notar eso a distancia. En su voz suave, en su sonrisa tímida, en su mirada cristalina. Sí. Aquel hombre era un tizón arrebatado del fuego por la gracia maravillosa de Cristo. Era Juan Pablo.

---

[1]*Our Firm Foundation*, p. 649.

[2]Philip Schaff, *History of the Christian Church*, t. 3, p. 1902.

[3]*Plain Talk about Protestantism Today*, p. 225.

[4]Cardenal Gibbons, *Catholic Mirror*, 23 de septiembre, 1893

# ¡No morirás!

*¡Tienes 24 horas para entregarnos el dinero o matamos a tu esposo!* —la voz ronca sonaba amenazadora en el teléfono.

Sumergida en un mundo de miedo, terror y desesperación, se echó a llorar como una niña.

—¡Son ellos! ¡Lo van a matar! ¡Sé que lo van a matar! —repetía a gritos.

Familiares y amigos trataban de calmarla.

Habían sido dos días terribles de sufrimiento. El esposo había desaparecido misteriosamente sin dejar pista. En esas circunstancias aquella amenaza, irónicamente, era un alivio. Por lo menos ahora ella tenía seguridad de lo que estaba sucediendo. Se trataba de un secuestro. Su esposo, un cirujano famoso, era otra víctima de la violencia urbana.

En los días siguientes se estableció una guerra psicológica, sin cuartel, entre los secuestradores y la familia, orientada por la policía. Una semana después vino el desenlace trágico. La familia pagó el rescate, pero sólo encontró el cadáver de la víctima.

La ciudad entera se conmovió con la noticia. Los órganos de comunicación discutían la posibilidad de establecer la pena de muerte en casos de extrema crueldad como éste. Con el correr de los días todo volvió a la rutina. El asesinato del cirujano era un caso más para el archivo.

Lo que nadie sabía era el drama de Dina. Se fue apagando lentamente, como una vela, consumida por el dolor, la rabia, la impotencia y la tristeza. Entró en un mundo de oscuridad. Perdió las ganas de vivir.

No comía, no hablaba con nadie. Su mundo estaba lleno de sombras, lágrimas y dolor.

No quería oír a nadie, se negaba a recibir visitas. Permanecía todo el tiempo contemplando la foto del esposo.

Un domingo de mañana tomó la decisión fatal. Inmersa en la depresión, creyó que la única salida para su dolor era la muerte.

Cerró la puerta del dormitorio. Prendió la televisión. Levantó exageradamente el volumen para que nadie escuchara el disparo y cuando preparaba el revólver para darse un tiro en la cabeza, oyó una voz calma en la televisión:

—Si crees que la muerte es la única salida para tu problema, espera un minuto. Escucha lo que te voy a decir. El Señor Jesucristo murió por ti en la cruz del Calvario. Tú ya no necesitas morir. Necesitas confiar. Yo sé que el dolor que lacera tu corazón no te permite confiar. Miras a tu alrededor y sólo encuentras traición, violencia, injusticias. Desde el punto de vista humano, tienes la impresión de que no vale la pena continuar viviendo en este mundo deformado por el pecado. No sabes que hay alguien a tu lado que entiende tu dolor. No lo puedes ver ni tocar, pero él está allí, cerca de ti, con los brazos abiertos. Recuéstate en su regazo y llora hasta limpiar todo el veneno que está destruyendo tu vida.

Dina se detuvo. Oyó el mensaje. Al terminar, cayó de rodillas y colocó su aflicción delante de Dios.

Como si tomara una herida llena de pus y la exprimiera, a pesar del dolor, hasta tener seguridad que la herida estaba limpia, la mujer lloró a gritos.

Después de mucho tiempo arrodillada, levantó los ojos al cielo y preguntó:

—¿Dónde estás Señor? ¿Quién eres? Muéstrate a mí. Revélate. Ven a mi vida, ilumina mi camino, enséñame a vivir.

Al salir del dormitorio era una nueva mujer. Parecía despertar de un largo sueño y contemplar delante de sí el amanecer de un día esplendoroso.

\* \* \*

Comenzó a estudiar la Biblia con un pastor que vivía cerca de su casa. Quería entender el misterio del dolor y de la muerte.

Lo que más la había atormentado desde que el esposo fuera asesinado era la interrogación: ¿Dónde está él? ¿Adónde se fue?

Unos decían que de acuerdo a la conducta que el ser humano había tenido en la tierra, su destino sería el paraíso, el purgatorio o el infierno. Otros argumentaban que al morir el hombre, su cuerpo va al sepulcro, pero el espíritu se desencarna y vive eternamente, reencarnándose en otras formas.

El dolor de Dina no nacía sólo de la turbulencia interior que le causaba la muerte injusta y cruel de su esposo, sino también de la confusión de ideas que recibía acerca del destino de la persona que tanto había amado y con la cual había tenido dos hijos.

Al estudiar la Biblia, sus ojos se abrieron a verdades que no conocía. Quedó deslumbrada. Como un niño cuando ingresa a un parque recreativo y no sabe qué juego escoger.

Cierto día llegó al tema del estado del ser humano en la vida y en la muerte. Aquel tema fue fascinante. Todas sus dudas fueron desapareciendo a la luz de las enseñanzas bíblicas.

El día del entierro de su esposo, el líder religioso que oficiara la ceremonia había dicho: "Nuestro amigo y hermano ya reposa al lado del Señor".

¿Qué garantía tenía ella de que eso era verdad?

—Para entender qué pasa con el ser humano cuando muere, necesitamos primero entender cómo éste vino a la vida —dijo el pastor y leyó la Biblia—. "Entonces Jehová Dios formó al hombre del polvo de la tierra, y sopló en su nariz aliento de vida, y fue el hombre un ser viviente" (Génesis 2:7).

—Este versículo —continuó el pastor— dice que el hombre fue formado por dos elementos: el polvo de la tierra y el aliento de vida. Al principio, antes que el cuerpo hecho del polvo recibiese el aliento de vida, Adán tenía cerebro pero no pensaba, poseía un corazón pero éste no latía, tenía músculos pero no se movía, pulmones pero no respiraba, hasta que Dios sopló en su nariz el aliento de vida. ¿Cuál fue el resultado?

—¡Un ser viviente! —respondió Dina, como una niña queriendo agradar a su profesor.

—¡Exactamente! —afirmó el pastor—. Fue parecido a lo que sucede con la luz eléctrica. Cuando juntas la lámpara con la corriente eléctrica, tienes la luz; si las separas ya no hay luz. En el caso de la vida pasa lo mismo: cuando juntas el cuerpo hecho del polvo con el aliento de vida, venido de Dios, tienes la vida. Si los separas, ya no existe vida.

—Entonces, ¿qué sucede cuando el ser humano muere? ¿Qué sucedió con mi esposo? —preguntó Dina, ansiosa.

—Dejemos que la Biblia te responda. "Y el polvo vuelva a la tierra, como era, y el espíritu vuelva a Dios que lo dio" (Eclesiastés 12:7). Salomón afirma en este versículo que después de la muerte el cuerpo del ser humano vuelve a la tierra. Esto confirma que Dios ya lo había dicho: "Con el sudor de tu rostro comerás el pan hasta que vuelvas a la tierra, porque de ella fuiste tomado; pues polvo eres, y al polvo volverás" (Génesis 3:19).

—Pastor —interrumpió Dina—, yo creo que no hay duda con relación al destino del cuerpo después de la muerte. Todos sabemos que el cadáver es llevado al cementerio y después que los años pasan no es nada más que polvo. El problema no es con el cuerpo sino con el espíritu. ¿Adónde va el espíritu?

—Bueno, en el versículo de Eclesiastés, Salomón afirma que el espíritu, o sea el aliento de vida, "vuelve a Dios que lo dio", o sea, no existe espíritu pensante. Ya lo vimos, el hombre que piensa apareció cuando el cuerpo hecho de tierra se juntó con el aliento de vida. Separados, ni el polvo piensa ni el aliento de vida siente. Separados no existe vida. Mira lo que Salomón dice al respecto: "Porque los que viven saben que han de morir; pero *los muertos nada saben*, ni tienen más paga; porque su memoria es puesta en olvido. También su amor y su odio y su envidia fenecieron ya; y nunca más tendrán parte en todo lo que se hace debajo del sol" (Eclesiastés 9:5, 6; el énfasis es nuestro).

—¿Quiere decir que mi esposo ya no sufre ni se alegra, ni nada de eso?

—Bueno, eso es lo que enseña la Biblia. Por eso Salomón seguidamente dice: "Todo lo que te viniere a la mano para hacer, hazlo según tus fuerzas; porque en el Seol, adonde vas, no hay obra, ni trabajo, ni ciencia, ni sabiduría" (Eclesiastés 9:10).

—Pastor —siguió preguntando Dina con extrema curiosidad—, ¿de dónde viene entonces la idea de que el espíritu no muere, que sólo se transforma, que esta vida es sólo un pase para otras vidas?

—Esa es una historia interesante —respondió el pastor—. Moisés, en el relato de la creación, dice así: "Y mandó Jehová Dios al hombre, diciendo: De todo árbol del huerto podrás comer; mas del árbol de la ciencia del bien y del mal no comerás; porque el día que de él comieres, *ciertamente morirás*" (Génesis 2:16, 17; el énfasis es nuestro).

Pero vino el diablo, disfrazado de serpiente: "Entonces la serpiente dijo a la mujer: *No moriréis*" (Génesis 3:4; el énfasis es nuestro). Esta fue la primera mentira que encontramos registrada en la Biblia: "No moriréis"

Eva tenía que escoger entre creer a Dios o a la serpiente. Dios había dicho que si el ser humano desobedecía, moriría; sin embargo, el enemigo afirmó lo contrario: "no moriréis".

—¿Quiere decir que el espíritu no es inmortal? —inquirió Dina.

—Claro que no —contestó el pastor—. De acuerdo con la Biblia, ¡no! Mira lo que dice Pablo: "La cual a su tiempo mostrará el bienaventurado y solo Soberano, Rey de reyes, y Señor de señores, *el único que tiene inmortalidad*, que habita en luz inaccesible; a quien ninguno de los hombres ha visto ni puede ver, al cual sea la honra y el imperio sempiterno. Amén" (1 Timoteo 6:15, 16; el énfasis es nuestro). Si la Biblia es contundente al afirmar que Dios es el único que tiene inmortalidad, puedes entender, Dina, que las multitudes que hoy creen que el espíritu del ser humano sigue viviendo después de la muerte desconocen las Escrituras.

—Pero si una persona fue buena en esta tierra, ¿no es lógico que al morir vaya al cielo?

—Piensa entonces en David —argumentó el pastor—. La Biblia dice que David era un hombre conforme al corazón de Dios, pero Pedro, en el sermón que predicó el día de Pentecostés declaró: "Varones hermanos, se os puede decir libremente del patriarca David, que murió y fue sepultado, y su sepulcro está con nosotros hasta el día de hoy. Porque David no subió a los cielos…" (Hechos 2:29, 34).

—¡Pastor! —afirmó Dina con admiración—, ¡la Biblia es clara! Si David fue considerado un siervo de Dios y al morir no subió al cielo sino que permanece hasta hoy en la tumba, entonces no me resta duda. No existe ningún espíritu que vuelve a Dios.

—Bueno Dina, la expresión "el espíritu vuelve a Dios que lo dio" existe en la Biblia, ya lo leímos. Está en Eclesiastés. Pero ese versículo no dice "el espíritu del hombre bueno vuelve a Dios". No hay distinción entre buenos y malos. La pregunta lógica que tendríamos que hacernos es: ¿qué es el "espíritu" en este versículo? Las palabras en hebreo y griego para alma y espíritu son empleadas 1.700 veces en la Biblia. La palabra "espíritu" es la palabra hebrea *ruaj*, que simplemente significa aliento, soplo. Algunas veces es traducida por espíritu y otras por aliento, pero no se da a entender en ninguna parte que este aliento, soplo o espíritu, sea pensante o consciente de nada. El propio David dice: "No alabarán los muertos a Jehová, ni cuantos descienden al silencio" (Salmos 115:17).

La Biblia nunca sugiere la idea de que el espíritu es una especie de segunda persona que vive y disfruta de existencia personal separada del cuerpo. Al contrario, es clara al afirmar que el ser humano no tiene conciencia de lo que pasa con él en su estado de muerte. Si el "espíritu que vuelve a Dios" fuese algo capaz de actuar separado del cuerpo, con toda seguridad alabaría a Dios en su presencia, pero David dice que los muertos no alaban. ¿Por qué? Simplemente porque el "espíritu" que vuelve a Dios no es más que el soplo, que no tiene conciencia de nada.

A esta altura del estudio, la mente de Dina parecía un cuarto que había estado con las puertas y ventanas cerradas por mucho tiempo. De repente se abría para ser ventilado. Un sentimiento de paz inundó su corazón. Ahora podía estar tranquila. Su amado esposo no sufría más. No se alegraba ni se preocupaba con los problemas de esta tierra. A pesar de eso, la nostalgia apretaba su corazón. ¿Tendría oportunidad de ver nuevamente a su esposo?

Mucha gente, llevada por la tristeza, el dolor de la separación y la nostalgia acude a centros de espiritismo donde conversa con los "espíritus" de personas amadas que murieron. Dina sabía ahora que si el enemigo de Dios había aparecido en el Edén inventando la mentira de que el ser humano no muere, hoy haría todo lo que estuviese a su alcance para sustentar esa mentira. ¿Acaso en el Edén no se disfrazó de una serpiente para hablar?

San Pablo afirma: "Y no es maravilla, porque el mismo Satanás se disfraza como ángel de luz" (2 Corintios 11:14). Si se disfraza como ángel de luz, ¿por qué no lo haría como espíritu?

¿Qué hacer entonces con la nostalgia? ¿Qué esperanza, qué consuelo hallar para una persona que, como ella, fue separada cruelmente de un ser querido? El pastor abrió de nuevo la Biblia para darle la respuesta.

# INVITACIÓN

—La muerte para el cristiano es apenas un sueño. A propósito de la muerte de Lázaro, Juan relata lo siguiente: "Dicho esto, les dijo después: Nuestro amigo Lázaro duerme, mas voy para despertarle. Dijeron entonces sus discípulos: Señor, si duerme, sanará. Pero Jesús decía esto de la muerte de Lázaro; y ellos pensaron que hablaba del reposar del sueño. Entonces Jesús les dijo claramente: Lázaro ha muerto" (S. Juan 11:11-14).

Vemos aquí a Jesús refiriéndose a la muerte de Lázaro como a un sueño, y eso no es extraño, porque en la Biblia hay más de 50 referencias donde se compara a la muerte con un sueño. David usa esa expresión cuando ora: "Mira, respóndeme, oh Jehová Dios mío; alumbra mis ojos, para que no duerma de muerte" (Salmos 13:3).

La muerte para el cristiano es como un sueño ¿Tienes miedo de dormir? No. ¿Por qué? Porque tienes la seguridad de que al amanecer vas a despertarte para un nuevo día. Entonces piensa en esta promesa divina. "No os maravilléis de esto; porque vendrá hora cuando todos los que están en los sepulcros oirán su voz; y los que hicieron lo bueno, saldrán a resurrección de vida; mas los que hicieron lo malo, a resurrección de condenación" (S. Juan 5:28, 29).

Jesús está hablando en este texto de la resurrección. Ésa es la respuesta divina al problema de la muerte, ésta es la solución para la separación, para el sufrimiento provocado por la pérdida, para la nostalgia. San Pablo confirma esta promesa cuando dice: "Tampoco queremos, hermanos, que ignoréis acerca de los que duermen, para que no os entristezcáis como los otros que no tienen esperanza. Porque si creemos que Jesús murió y resucitó, así también traerá Dios con Jesús a los que durmieron en él. Porque el Señor mismo con voz de mando, con voz de arcángel, y con trompeta de Dios, descenderá del cielo; y los muertos en Cristo resucitarán primero" (1 Tesalonicenses 4:13, 14, 16).

Este último versículo completó el cuadro en la mente de Dina. Todo estaba claro. No había más dudas. La Biblia explicaba todo el misterio de la muerte. No había por qué estar deprimida y ansiosa preguntándose todos los días dónde estaba el esposo. Tampoco había motivo para desesperarse, pensando que había perdido a su amado compañero para siempre. La promesa de Pablo era clara: "No os entristezcáis como los otros, que no tienen esperanza". Existen dos tipos de sufrimiento ante la muerte. Los que no tienen esperanza se enloquecen, se hunden en la depresión y hasta intentan el suicidio, como lo había hecho Dina. Los que tienen esperanza reaccionan de una manera diferente. Lloran y sienten tristeza por la separación, pero los anima la certidumbre de que Jesús volverá y la persona amada despertará del sueño de la muerte para vivir eternamente.

Cuando la temporada de lluvias llegó y la vida empezó a aparecer en cada planta, Dina sintió que su vida amanecía. Nunca había sentido tantas ganas de vivir como ahora. En la Biblia encontró respuestas para muchas inquietudes que siempre la habían perturbado. Su vida ahora tenía un sentido claro. Sabía de dónde venía y hacia dónde iba, y decidió bautizarse siguiendo la orden y el ejemplo del Señor Jesucristo.

\* \* \*

El crudo frío del invierno en Curitiba empezaba a disminuir. El sol volvía a brillar con intensidad anunciando una primavera llena de vida. Sandra se quitó el abrigo y se sentó en el patio de la universidad donde estudiaba. Su mirada triste no coincidía con la exuberancia de aquel día primaveral. Sufría. Su corazón todavía sangraba cada vez que se acordaba de la manera cruel como había muerto su padre. Lo había amado mucho y la ausencia de este ser querido le dolía terriblemente. Pero lo que más le dolía era saber que su madre, Dina, no lograba superar el trauma y se había hundido en el mundo tenebroso de la depresión.

—¿Cómo está mi gata linda? —la voz de Enrique, un compañero de estudios, la sacó de sus pensamientos.

—Estoy sobreviviendo — respondió con desánimo, casi por compromiso.

—Tengo una invitación para ti. Esta noche, en el Palacio de Cristal, van a dar una conferencia sobre el misterio del dolor. Quiero que vayas conmigo. Sé que te va a hacer mucho bien.

Sandra buscaba respuestas. Había preguntas que la perturbaban. Si existe un Dios de amor que se preocupa por sus criaturas, ¿cómo no hizo nada para librar a su padre de las manos de los secuestradores? Su padre había sido un hombre bueno, había salvado muchas vidas como cirujano. No merecía haber muerto de manera tan cruel.

Aceptó. Quería entender el misterio del dolor y fue. Al llegar al Palacio de Cristal aquella noche, fue difícil encontrar un lugar libre. Seis mil personas llenaban el coliseo.

—No te preocupes Sandra —le dijo Enrique—. Yo he pedido que nos reserven dos lugares especiales.

La programación empezó. La música tocó su corazón. Era música que hablaba de esperanza, de seguridad y de victoria, a pesar de las dificultades de la vida.

Lo primero que hizo el evangelista al ingresar fue abrir la Biblia.

—Ustedes no vinieron a escuchar mis palabras. Tengo la seguridad que todos aquí están deseosos de escuchar la Palabra de Dios, por tanto, vamos a abrir las Escrituras —empezó diciendo.

Esa actitud la impresionó. Desde la muerte de su padre había oído muchas palabras humanas. Todas ellas eran reconfortantes, pero no curaban la herida abierta de su corazón.

El predicador leyó un pasaje de los Salmos: "Dios es nuestro amparo y fortaleza, nuestro pronto auxilio en las tribulaciones" (Salmo 46:1). Sandra oía atenta. Al llegar al final, el pastor dijo: "Fíjate bien lo que dice la promesa de Dios. Él no te promete que en este mundo tu nunca tendrías tribulaciones. Lo que el Señor te asegura es que en medio de las tribulaciones, él será tu amparo, fortaleza y tu pronto auxilio. Ah mi amada, tu puedes estar en este momento atravesando el valle del dolor y de la muerte. Puedes sentir que no tienes más fuerzas para resistir. El peso del sufrimiento puede ser tan grande que te da la impresión de que tu corazón va a explotar. Pero en nombre de Jesús te suplico: Ven a él. Tráele tu dolor y tus lágrimas, tráele la tristeza de tu corazón, escóndete en sus brazos. Él es tu refugio y tu fortaleza, no salgas esta noche sin entregarle tu vida a Jesús".

Sandra no resistió. Se levantó y fue adelante. Había muchas personas que entregaron el corazón a Jesús aquella noche. Una joven cantaba mientras las personas se dirigían adelante. La letra del himno decía:

*Pasé tribulaciones, ya sufrí mucho en esta vida.*
*Como ave sin un nido, buscando abrigo.*
*Clamé en alta voz, nadie quería oír,*
*Señor, yo pregunté: ¿Por qué?*
*Me costó entender que las pruebas de esta vida.*
*Provienen del mal que en este mundo habita.*
*Aquí, el que perdió, tal vez sólo ganó.*
*Un día todos sabrán, un día los ojos se abrirán.*
*¡Para entender el dolor!*
*Necesito confiar en Dios.*
*Cuando la sombra del mal toca mi puerta.*
*Necesito luchar con fe.*
*Necesito recordar que después de la angustia viene la paz.*
*Y que es a través del dolor que toco la mano de Dios.*
*Necesito valor para seguir.*
*Pues un día la tristeza acabará.*
*Y al fin todo llanto Jesús enjugará.*

(letra de Jader Santos, Brasil)

Sandra lloró. Sintió como si aquella oración fuese suya. Las lágrimas lavaron el dolor que la asfixiaba.

# INVITACIÓN

Al volver a casa aquella noche, por primera vez desde la tragedia, durmió sintiendo alivio y paz en su corazón.

* * *

Diciembre llegó y la ciudad se vistió de muchos colores. Las músicas navideñas se oían por todas partes. Las tiendas atraían a los consumidores con ofertas atractivas. Este diciembre sería para todos el mes de la alegría, de los juguetes, regalos y panetones. Nada más.

Para Dina, no. En apenas un año había sucedido muchas cosas. La muerte de su esposo, el período oscuro de depresión, el lamentable momento en que casi se quitó la vida, su encuentro milagroso con Jesús, su descubrimiento de las verdades bíblicas. Sería un año que dejaría marcas indelebles en su vida. Lo único que faltaba era bautizarse. Tenía miedo. Su temor nacía de la actitud que su hija podría tener ante la noticia de que la madre se estaba bautizando. Sandra amaba mucho a su padre y a pesar de que éste había fallecido, continuaba respetando los consejos y costumbres que había dejado como herencia para su familia.

Si Dina le decía a Sandra que se iba a bautizar, la hija, con toda seguridad, pensaría que ella estaba traicionando la memoria del esposo. Sabía que su hija también estaba sufriendo mucho desde la muerte del padre y no se atrevía a contrariarla.

Enero se aproximaba y Dina no quería entrar en el nuevo año sin nacer de nuevo mediante el bautismo. Necesitaba hablar con su hija. No podía bautizarse sin comunicarle una decisión tan importante.

Después de orar mucho, tomó valor y llamó a su hija.

Curitiba, donde Sandra vivía, está localizada a 1.000 kilómetros de Campo Grande. Ambas se hablaban constantemente por teléfono, pero ninguna, nunca, había mencionado lo que estaba sucediendo en su vida.

—Sandra, hija mía, soy yo, tu mamá.

La voz de su madre siempre la alegraba. La joven universitaria había estado muy preocupada por su madre. Sabía que estaba viviendo un momento terrible de depresión.

—¡Hola mamita! ¿Cómo estás?

—Bien hijita. Te estoy llamando por algo muy importante y quisiera contar con tu comprensión.

—Claro mami, ¿de qué se trata?

—Primero quiero que me prometas que, diga lo que te diga, vas a tratar de entender y aceptar mi decisión.

—Mamá, me estas asustando ¿Qué es lo que sucede?

—Nada hija, sólo prométeme que vas a ser comprensiva.

Sandra creía que su madre había descubierto que ella, en Curitiba, había aceptado a Jesús, estudiado la Biblia y que estaba dispuesta a bautizarse. La hija nunca le había querido decir nada a la madre por miedo a su reacción, pero ahora, aparentemente la madre se había enterado de todo.

—Mami —dijo con voz apesadumbrada—, perdóname, yo te lo iba a decir pero no sabía cómo.

—¿De qué estas hablando, mi hija?

—Ah mamita… ¡escúchame por favor! Yo no quería herirte, no quería traicionar la fe y la memoria de mi padre, pero hace un tiempo fui a escuchar una conferencia presentada por el pastor Bullón, le entregué mi vida a Jesús y decidí bautizarme. No sé lo que vas a decir. Sólo quiero que sepas que te amo mucho y espero que, aunque no lo entiendas, me comprenderás.

Del otro lado de la línea Dina lloraba, casi a gritos. Sandra se asustó.

—Mamita, perdóname, te lo suplico. No quería que te sintieras así.

Dina siguió llorando. Después, más tranquila, dijo:

—Hijita, no te asustes, no estoy molesta, estoy emocionada. Yo también, en el peor momento de mi vida, escuché al pastor Bullón predicar en la televisión, entregué mi vida a Jesús y decidí bautizarme.

# INVITACIÓN

Sandra no lo podía creer. No sabía si estaba viviendo una realidad o estaba soñando. La mano prodigiosa de Dios había conducido la vida de ambas de un modo misterioso, maravilloso.

Al día siguiente, Dina, en Campo Grande, y Sandra, en Curitiba, bajaron a las aguas del bautismo para sellar su pacto de amor con Cristo.

* * *

Había miles de personas que participaban de un congreso en las montañas de Atibaia, en San Pablo, cuando un pastor apuntó con el dedo y me dijo:

—Es ella.

Durante el intervalo de la reunión me acerqué. Me reconoció y me abrazó. Había mucha emoción en aquel saludo. Sus ojos brillaban. Ya no había marcas de sufrimiento en aquel rostro. Su mirada reflejaba la paz interior de personas que un día encontraron a Jesús y le entregaron la vida. Ella era la más contundente prueba de cómo el amor de Dios hace maravillas en las personas que lo buscan con sinceridad. Ella era Dina.

# Si yo tuviera hambre, no te lo diría

*E*l sol agoniza en el horizonte. Elco mira el reloj. Son las seis de la tarde. Tiene hambre. Hace dos días que no come. Se ha alimentado sólo de cactus y raíces.

Sentado en una piedra enorme, trata de arrancar de su mente la idea absurda.

El hambre duele. Está cansado. Ha trabajado desde las seis de la mañana. El patrón puede aparecer cualquier día y Elco tiene que haber cumplido la tarea asignada si desea recibir su pago.

Necesita dinero para salir de aquel lugar. No soporta más. La comida se terminó hace dos semanas. Está cansado de comer cactus. Observa a las ratas del campo. La idea le parece descabellada. Pero el hambre lo incomoda terriblemente.

Tiene una piedra en la mano, una idea fija en la mente. ¿Comer ratas? La idea es absurda para quien tiene otra cosa que comer. A él ya no le parece sin sentido. Tiene hambre. Hay momentos en la vida en que lo imprescindible es sobrevivir.

La ciudad más cercana es Bronco, en el Estado de Nuevo México. Está a 62 millas de allí. Elco y otras cuatro personas han llegado a aquel rancho atraídos por promesas mentirosas. El sueldo parecía atractivo para indocumentados como ellos. La realidad es cruel. El patrón aparece de tiempo en tiempo llevándoles alimentos que no duran mucho. La mayor parte de los días pasan hambre. Inventan medios para sobrevivir. El lugar es semidesértico, hace calor de día y frío de noche. El viento sopla en las horas oscuras. Parece aullido de lobos hambrientos.

\* \* \*

# INVITACIÓN

Acostado en la cama estrecha, Elco trata inútilmente de dormir. Tiene ganas de llorar. La vida le parece vacía. Ha luchado con todas sus fuerzas desde que salió de Chihuahua, su tierra natal en México. Nada consiguió. El sueño americano le parece cada vez más lejano. Se ha transformado en pesadilla.

Elco es un hombre duro. Su estatura baja engaña a la gente. No le teme a nada.

—Los hombres nunca lloran —le decía su abuelo cuando era apenas un niño.

Han pasado años. Esta noche tiene ganas de llorar. Llora. Nadie lo ve. Tal vez por eso llora. Su llanto no nace del miedo ni del hambre ni de la soledad. Nace de la rebeldía. No acepta su situación. Necesita ir a otro lugar. Ha fracasado constantemente desde que llegó al nuevo país. Ha fracasado pero no desiste. Él es Elco Márquez. Mexicano de pura raza. Los mexicanos no se rinden. Mañana será otro día.

* * *

Dallas. Atlanta. Washington. Elco busca un mañana mejor. Devora millas. Corre como loco. Trabaja hasta 16 horas diarias. El dinero que gana no le alcanza. Sigue buscando. Al principio piensa que busca dinero. Después siente que el dinero no sería capaz de llenar el vacío de su corazón.

Está de nuevo en Dallas. Camina en medio de la noche. Tiene frío y hambre. El hambre nunca le falta. Si pudiese vender su hambre se volvería rico. Sonríe. La idea le parece graciosa.

En la oscuridad de la calle percibe el peligro. Tres hombres lo siguen. Siente los pasos. Ve las sombras. Sabe que lo van a asaltar. Sólo tiene 60 dólares. Se los ha ganado sudando. No es justo que se lo quiten.

¿A quién le interesa lo que es justo? Por lo menos, a aquellos hombres, no. Elco no puede seguir pensando. El dolor lo paraliza. Le han clavado un cuchillo en la espalda. Sangra. Necesita ayuda. Pero él no tiene documentos. Es un inmigrante ilegal. Tiene miedo que lo descubran y lo envíen de vuelta a México. Tiene miedo de rendirse. Volver a su país, pobre, como vino, sería retirarse del campo de batalla. Él ha venido a vencer... y vencerá.

\* \* \*

Los años pasan. Elco sigue corriendo por la vida. Viste jeans, botas y sombrero mexicano de paja. No quiere olvidar sus raíces. Cada vez que le faltan fuerzas recuerda su niñez. De allí saca energía. Recuerda a su abuelo.

—La vida es una carretera de dos sentidos —le decía el abuelo—. Mantente en tu senda si no quieres morir.

Para él la vida sólo tiene un sentido. Trabajar. Correr. Buscar sin saber bien lo que busca.

Los años pasan. Pasan las ciudades, los trabajos, las personas, las mujeres.

Un día conoce a Margarita. Se enamora de ella. Queda encantado con su piel morena y sus ojos negros. Margarita le infunde paz.

Parece un día tranquilo de cielo azul y nubes blancas. Es un oasis en la vida atormentada de Elco.

El joven enamorado ignora que Margarita será la mujer de su vida. Ambos lucharán contra las inclemencias del desempleo y la necesidad. Cada vez que se encuentra con ella su corazón lo traiciona. Se acelera. Late escandalosamente. Las manos le sudan y las palabras no le salen.

Se casan en Chihuahua, la tierra natal de los dos. Volver a su tierra es una gran emoción. Allí están sus raíces. Allí corrió como niño. Allí soñó, lloró y rió. A los 16 años montaba broncos. Los potros eran rebeldes, indomables. Como la vida.

Todo eso lo ha hecho un hombre luchador e incansable. Cualidades que aparentemente le sirven poco. Continúa pobre. Trabaja para enriquecer a sus patrones. Sus bolsillos siguen vacíos, como vacío continúa su corazón. La carrera no tiene fin. Sigue buscando…buscando…buscando.

Baltimore es una raya más del tigre.

Las cosas no resultan bien. Falta de empleo, necesidad, dolor, tristeza, angustia.

Elco se asfixia. Las circunstancias le duelen terriblemente. Está casado. La esposa espera un hijo. Al nacer el niño, no hay leche ni pañales. La joven pareja se encuentra envuelta en deudas. Elco cree que la solución es partir otra vez para un destino desconocido.

Florida marcará la vida de nuestro protagonista. Aquí la vida le empieza a sonreír. Decide trabajar por cuenta propia. Ingresa al ramo de la construcción con dos socios. La empresa crece, aparentemente, hasta que un día descubren que están sumergidos en una deuda de casi un millón de dólares.

Elco se desespera. No hay solución desde el punto de vista humano. Un millón es dinero que mucha gente morirá sin ver. ¿Adónde fue ese dinero? ¿Cómo no se dieron cuenta de la situación? ¿Por qué dejaron que la empresa llegase a ese punto? Elco sabe que las preguntas no resuelven nada. No se rinde. Lucha. Parece un león enjaulado. Su jaula es la deuda. No puede salir de ella. Casi se enloquece. No sabe qué hacer ni a dónde ir.

Entonces se acuerda de Dios. De chico había ido a misa. A los catorce años se olvidó de todo. Empezó a fumar, a beber y a probar drogas. En la lucha terrible para sobrevivir y realizar el sueño americano, se había olvidado de Dios. Inclusive en los momentos de mayor dificultad había luchado solo y de alguna forma había sobrevivido.

Ahora, sin embargo, sabe que su lucha es inútil. Quisiera desaparecer de la vida. Pero es responsable por la familia que formó. Quisiera dormir y no despertar nunca.

Sus ojos vuelven a Dios.

—¡Señor! —clama— No me abandones. Ayúdame a salir de este pozo de deudas.

\* \* \*

Su esposa está asistiendo a una iglesia. Cree en Dios de todo corazón. Sabe que sólo Dios puede obrar el milagro de sacar a su esposo de esa situación y lo invita a ir a unas conferencias vía satélite. Yo estaba predicando todas las noches desde Winter Park, Orlando, vía satélite para los habitantes de habla hispana de los Estados Unidos.

La impotencia por las deudas hace que Elco busque a Dios. Decide acompañar a su esposa a las conferencias.

El mensaje de aquella noche toca su corazón. Resiste. El Espíritu Santo lo incomoda. El mensaje describe su vida. Da la impresión que el predicador lo conoce. Se estremece. Suda. El mexicano nunca se rinde. Jamás se entrega. El mexicano es luchador. ¿Acaso toda su vida no fue una lucha constante? No se había rendido. ¿Por qué lo haría ahora?

Aquella noche regresa frustrado a su casa. Siente que dejó pasar la gran oportunidad de su vida.

Al día siguiente viaja por carretera de Jacksonville a Savannah, en el Estado de Georgia. Hay algo que lo incomoda. Sabe que si le entrega el corazón a Jesús será por completo y tiene miedo.

Ha escuchado hablar del diezmo. Piensa, que en la situación terrible por la que su empresa atraviesa, no tiene la más mínima posibilidad de dar un centavo a Dios.

A su lado su esposa lo ve dirigir el auto en silencio. No sabe qué pensamientos cruzan por la cabeza del esposo. Una cosa sabe. Algo lo perturba. Elco no está en su estado normal. La noche anterior notó que él durmió poco. Se había levantado varias veces para ir al baño. Eso nunca sucedía.

Entonces él la invitó a que lo acompañara a Savannah. Tenía negocios que hacer en ese día. Los negocios eran sólo un pretexto. La verdad es que necesitaba hablar con su esposa acerca del diezmo.

Sentía que ésa era la gran barrera que le impedía tomar la decisión de entregarse a Jesús.

—¿Has oído hablar del diezmo? —pregunta sin rodeos— ¿Por qué debo darle dinero a Dios? Él no necesita nada. Dios es Dios.

Margarita toma la Biblia de la guantera del auto y lee una declaración de San Pablo: "Porque nada hemos traído a este mundo, y sin duda nada podremos sacar. Porque los que quieren enriquecerse caen en tentación y lazo, y en muchas codicias necias y dañosas, que hunden a los hombres en destrucción y perdición; porque raíz de todos los males es el amor al dinero, el cual codiciando algunos, se extraviaron de la fe, y fueron traspasados de muchos dolores" (1 Timoteo 6:7, 9, 10).

—Sabes, querido, las personas sin Cristo tienen un concepto materialista de la vida. El éxito y la prosperidad son medidos por la abundancia de riquezas y posesiones. En este texto que acabo de leerte, Pablo afirma que no podemos llevar nada de este mundo y que el amor al dinero ha llevado mucha gente a la ruina.

Elco se impresiona. Las últimas semanas había pensado justamente en eso. Él había querido llegar más allá de lo que los recursos le permitían. Y se había metido en problemas terribles. Pero la pregunta que le había hecho a la esposa era otra. Quería saber por qué hay que darle dinero a Dios.

Margarita sigue leyendo la Biblia. Esta vez lee de David. "De Jehová es la tierra y su plenitud; el mundo, y los que en él habitan" (Salmo 24:1). "Porque mía es toda bestia del bosque, y los millares de animales en los collados. Conozco a todas las aves de los montes, y todo lo que se mueve en los campos me pertenece. Si yo tuviese hambre, no te lo diría a ti; porque mío es el mundo y su plenitud" (Salmo 50:10-12).

Es evidente que Dios es dueño de todo. Dios es Dios. Todo le pertenece. Nada necesita. "Si yo tuviese hambre, no te lo diría a ti", afirma.

Elco está más confundido que nunca. Se esfuerza por encontrar la clave del problema. ¿Por qué tiene que darle dinero a Dios?

La respuesta viene cuando Margarita lee lo siguiente: "Reprenderé también por vosotros al devorador, y no os destruirá el fruto de la tierra, ni vuestra vid en el campo será estéril, dice Jehová de los ejércitos. Y todas las naciones os dirán bienaventurados; porque seréis tierra deseable, dice Jehová de los ejércitos" (Malaquías 3:11, 12).

Su empresa está siendo destruida por las deudas. Cuanto más se esfuerza por pagarlas, más se hunde, pero Dios afirma en este texto que él reprenderá al devorador. Si eso fuese verdad, la empresa de Elco prosperaría y todas las personas estarían maravilladas por eso. Pero sucede todo lo contrario. Su empresa es estéril. Sólo da pérdidas. El devorador está acabando con todo lo que tiene.

¿Por qué la promesa de Dios no se cumple en su vida? Elco quiere saberlo. Sólo así podrá buscar la solución.

Margarita le da la respuesta al leer los versículos anteriores a esta promesa: "¿Robará el hombre a Dios? Pues vosotros me habéis robado. Y dijisteis: ¿En qué te hemos robado? En vuestros diezmos y ofrendas. Malditos sois con maldición, porque vosotros, la nación toda, me habéis robado. Traed todos los diezmos al alfolí y haya alimento en mi casa; y probadme ahora en esto, dice Jehová de los ejércitos, si no os abriré las ventanas de los cielos, y derramaré sobre vosotros bendición hasta que sobreabunde" (Malaquías 3:8-10).

Elco no sabe qué hacer. Su cuerpo tiembla. Se siente mareado. Hay una bola de fuego que sube y baja entre la garganta y el estómago. No lo había imaginado. Jamás se le había ocurrido. Aunque no lo quiere aceptar, tiene delante de sí una verdad cristalina. La clave de todo. La explicación de sus fracasos constantes.

Ahora entiende por qué Dios reclama el diezmo para sí. Él no lo necesita. Todo es suyo. "Si yo tuviera hambre no te lo diría a ti". La frase dicha por David resuena en su mente y en su corazón. Dios está por encima de la mezquindad del hombre.

¿Qué tiene él para ofrecer a Dios? Nada. O mejor dicho, sólo deudas, desesperación y angustia.

\* \* \*

La carretera 95 se extiende delante de él como una cuerda sin fin. Miles de automóviles van de un lado para otro. El paisaje en esa época del año es majestuoso. Un cuadro natural de colores y matices. Nada de eso le llama la atención. Elco sigue pensando.

Si Dios es dueño de todo y nada necesita, ¿por qué le pide al ser humano el diez por ciento de sus entradas? La respuesta es clara. Dios le confió todo eso. El secreto de la prosperidad en esta vida es administrar los bienes con sabiduría. Reconocer que Dios es dueño de todo es sabio. Este reconocimiento no es algo romántico, teórico o filosófico. Necesita ser real y la única manera de hacerlo es devolver a Dios una décima parte de todo lo que él confió al ser humano para administrar.

Reconocer este hecho es colocarse bajo la protección divina. Negarlo es situarse a merced de los devoradores y destructores del camino.

El corazón de Elco es un campo de batalla. Su corazón le dice: Confía en el Señor. Su mente grita: ¿Qué tiene que ver Dios con todo lo que tú lograste con trabajo y esfuerzo?

La esposa lo saca de sus pensamientos cuando lee: "[No] se enorgullezca tu corazón, y te olvides de Jehová tu Dios,…y digas en corazón: Mi poder y la fuerza de mi mano me han traído esta riqueza. Sino acuérdate de Jehová tu Dios, porque él te da el poder para hacer las riquezas" (Deuteronomio 8:14, 17, 18).

Es increíble cómo la Biblia tiene respuesta para todas las inquietudes humanas.

A Elco no le cabe duda. Necesita tomar una decisión y necesita hacerlo de forma completa. Entregar a Jesús no sólo su corazón sino también su cuerpo, su empresa y su dinero.

Al llegar a una estación de combustible, Elco sorprende a su esposa:

—Volvamos a Jacksonville. No quiero perder el mensaje de esta noche —dice.

* * *

Los minutos le parecen días. Devora millas. Mientras conduce el auto no puede evitar recuerdos tristes. Su mente se proyecta al pasado. Como en una película ve a su pequeña hija llorando por falta de leche.

En aquellos tiempos él trabajaba en una empresa desde las seis de la mañana hasta las seis de la tarde. Después tomaba una camioneta y manejaba hasta las dos de la madrugada. A las seis de la mañana tenía que estar de nuevo en la empresa.

No es por falta de esfuerzo y dedicación que ha pasado necesidad. Si hay alguien honesto, trabajador y esforzado, es él.

¿Dónde está el problema?

Aquel viaje de retorno a Jacksonville sirve para que muchas ideas se ordenen en su cabeza. Elco concluye que no tiene a Dios en su vida. Para él Dios no pasa de un nombre. Una señal de cruz que se hace frente a la iglesia o en momentos de peligro. Pero él vive solo. Su afán es grande. No sobra tiempo para Dios.

El mensaje que oyera la noche anterior hablaba justamente de eso.

—Un día saliste de las manos del Creador —había dicho el evangelista—. Nunca serás feliz hasta que vuelvas a tu Creador. Lejos de él puedes luchar, correr, trabajar, esforzarte cuanto quieras. Puedes inclusive lograr alguna cosa, pero siempre serás infeliz y estarás vacío. Tu corazón estará permanentemente insatisfecho. Necesitas de Dios. No tienes conciencia de eso, pero lo necesitas. Ven a él esta noche. Coloca tus sueños, tus planes y tu trabajo en sus manos y verás cómo todo empieza a cobrar sentido.

* * *

Elco tiene los ojos fijos en la carretera. Una lágrima resbala por su mejilla. A su lado Margarita guarda silencio. El silencio de su esposo es un templo. Ella lo respeta. Sabe que el Espíritu Santo está trabajando en el corazón del hombre que ama. Ha orado mucho tiempo para que el milagro acontezca. Al principio, Elco era duro. No quería saber nada del evangelio. Después se tornó indiferente. Eso la hacía sufrir. Ella había entregado su corazón a Jesús y se había bautizado. Su felicidad, sin embargo, estaba incompleta. Pedía todos los días que Dios tocara el corazón del padre de sus hijos... y de repente empezó a ver el milagro.

Elco comenzó a conmoverse. Su emoción no nacía del momento. Últimamente había pensado en las causas del desastre financiero por el que atravesaba su empresa. Concluyó que su fracaso se debía a la falta de Dios en su vida.

A su mente subió un versículo que alguna vez leyó en los Salmos: "Joven fui, y he envejecido, y no he visto justo desamparado, ni su descendencia que mendigue pan" (Salmo 37:25).

No existe justo desamparado. La Palabra de Dios lo afirma categóricamente. Elco sabía que necesitaba tornarse justo. Entonces le pregunta a su esposa:

—¿Cómo puedo tornarme justo?

Margarita lee la segunda epístola a los Corintios: "Al que no conoció pecado, por nosotros lo hizo pecado, para que nosotros fuésemos hechos justicia de Dios en él" (2 Corintios 5:21).

Construir en la roca. O en la arena. Es la gran diferencia entre la plenitud y el vació. La esperanza y la desesperación. La victoria y la derrota.

Construir en la roca significa reconocer los límites de criatura y aceptar a Dios como el principio, el medio y el fin de la existencia.

Construir en la arena es sacar a Dios del escenario de la vida y correr detrás de los propios planes. Buscar y no encontrar, correr y no llegar, hacer y no realizar.

Roca o Arena. Elco tiene sólo dos caminos delante de él. Necesita decidir.

\* \* \*

Son exactamente las ocho de la noche. Elco y su esposa entran a la iglesia. Al frente se ve una pantalla gigante. El programa está comenzando, en vivo, transmitido desde Orlando.

Camisa blanca y pantalón negro. Está vestido para una ocasión especial. Presiente que ésta es su gran noche. No pierde un detalle del programa.

El mensaje es para él. El predicador lee de San Mateo. "Mas buscad primeramente el reino de Dios y su justicia, y todas estas cosas os serán añadidas" (S. Mateo 6:33).

¿Qué cosas? Los versículos anteriores traen la respuesta: "No os afanéis, pues, diciendo: ¿Qué comeremos, o qué beberemos, o qué vestiremos? Porque los gentiles buscan todas estas cosas; pero vuestro Padre celestial sabe que tenéis necesidad de todas estas cosas" (vers. 31, 32).

Dios no dice que el hombre no debe trabajar y esforzarse para atender las necesidades de la familia. Él afirma que si el ser humano coloca esas cosas en primer lugar y se olvida de Dios, todos sus esfuerzos serán infructuosos. Coloca a Dios como el fundamento de tus planes y proyectos. Él es la Roca. Cuando estás bien con él, todo lo demás encaja y tiene sentido.

A la hora del llamado, Elco se estremece. En la pantalla sólo se ve el rostro del predicador. Elco baja la vista. Tiene la impresión de que el evangelista lo está mirando a él y está tocando la puerta de su corazón. Es el Espíritu Santo otra vez. Bendito espíritu que no se cansa de llamar.

Roca o Arena. Plenitud o vacío. ¿Adónde ir? Elco no resiste más. Se entrega. Se rinde. Llora en silencio. Se levanta y pasa adelante.

\* \* \*

Medianoche. El hombre sufrido que nació en Chihuahua ora. Le cuenta a Dios la historia de su vida, sus frustraciones y derrotas. Siente el consuelo del Espíritu. Una paz indecible inunda su corazón. Hay una deuda de casi un millón de dólares. Humanamente es imposible pagarla. Otras noches no dormiría. Se revolcaría en la cama desesperado, tratando de encontrar una salida.

Hoy es diferente. Después de orar, duerme. Ángeles lo vigilan mientras duerme, otros ángeles realizan el trabajo de preparar el terreno para que este hombre que entregó su vida a Cristo resuelva su problema.

A la mañana siguiente recibe una llamada telefónica. Es un miembro de iglesia con un cáncer en fase terminal. La voz parece una vela que se apaga, pero le transmite paz y seguridad.

— Elco —le dice—, no importa lo que pase, todo va a salir bien. Confía en Dios.

La declaración de aquel hombre es impactante. Nadie sabe la terrible situación financiera por la que él atraviesa. ¿Cómo supo aquel hombre? Se asusta. Todavía tiene que aprender los misterios divinos. Es apenas una nueva criatura recién nacida.

Lo primero que hace al final de aquella semana es separar el sagrado diezmo. No le resulta fácil. Le falta dinero para pagar a sus empleados. Pero confía en Dios. Conoce la teoría y entra en el terreno de la realidad. Decir que Dios es dueño de todo es fácil. Difícil es probar que todo le pertenece a Dios. Es como dar un paso en la oscuridad. Elco lo da. Coloca a Dios en primer lugar. Sabe que lo demás vendrá por añadidura.

* * *

Lunes. Una nueva semana de trabajo, desafíos y luchas. Elco no está más solo. Jesús está a su lado. No lo ve. No lo puede tocar. Lo siente. Lo mira con los ojos de la fe.

Repentinamente recibe una llamada misteriosa. Es un amigo. Lo invita a construir una casa para militares. No acepta.

Tiene miedo. Su empresa está endeudada. No tiene capital de giro. Es imprudente aceptar un negocio de esa envergadura sin tener la seguridad de que lo podrá cumplir.

El amigo insiste. Elco viaja. Al llegar, encuentra el contrato escrito que sólo esperaba su firma. Es ventajoso. No hay manera que no dé resultado. Es un contrato millonario. Sólo con el primer pago la deuda de su empresa estará saldada. Al salir, Elco levanta los ojos al cielo y agradece. Es verdad. La promesa divina es una realidad. No existe un ser humano que haya ido con sinceridad a Jesús y haya regresado frustrado. Si las promesas divinas no se cumplen no es porque Dios falla. Él es perfecto y sus promesas también lo son. El error está en el ser humano. Se deja envolver por las dudas y la incredulidad. Y sufre, se desespera. Corre en medio de las tinieblas de su egoísmo sin saber adónde va.

Para Elco todo eso ya pasó. Es una nueva criatura. El sol de un nuevo día brilla en su vida. Es un hombre feliz y realizado.

* * *

Atlanta es una ciudad bella y majestuosa. Tierra de Martin Luther King. Sede de la CNN Internacional.

En esos días estaba predicando vía satélite desde Atlanta para todo el país. Miles de personas a lo largo y ancho de los Estados Unidos recibían la señal del satélite. Era notable cómo el evangelio podía ser predicado con tal facilidad.

Estaba sentado en la sala de apoyo cuando vi entre las personas que corrían de un lado para otro a un hombre moreno y fuerte. Hablaba con timidez. En su rostro se notaban las marcas de la vida dura que había tenido. En sus ojos se reflejaba la paz de quienes un día fueron encontradas por Jesús. Él era otro de los milagros divinos. Es el hombre de nuestra historia. Es Elco.

# Cuenta regresiva

"Lamento mucho. Tiene SIDA".

La frase corta, al punto, sin rodeos, pronunciada por el médico la dejó estupefacta.

Abogada de éxito, dama de modales refinados, acostumbrada a lidiar con todo tipo de problemas, Lucía perdió la compostura y salió corriendo como una loca.

Podía imaginar todo, menos eso. Había sido una esposa fiel, dedicada y honesta. Una profesional brillante que sólo ayudaba a las personas. ¿Por qué tenía que sucederle eso? Corrió sin parar hasta llegar al mar.

De chica le encantaba andar en la playa, descalza, sintiendo el cosquilleo de la arena en sus pies. Ahora, nada de eso tenía sentido.

—¡No puede ser! —gritó.

Lágrimas rebeldes rodaban por sus mejillas. No quería llorar. Pero su corazón era un volcán a punto de explotar. Su mente, un torbellino sin fin. No quería llorar. Pero lágrimas tercas insistían en incomodarla.

—¡No puede ser! —gritó de nuevo.

Las olas parecían llevar su grito hacia la profundidad del mar. Todo era sombrío a su alrededor. Hasta las gaviotas le parecían zopilotes dispuestos a despedazar su cadáver. Así se sentía. Un cadáver. Anduvo. Lloró. Gritó. Se sentía muerta. Su esposo la había matado.

* * *

Sentada en una roca, de frente al mar, parecía hipnotizada por el vaivén de las olas. Una idea morbosa rondaba por su cabeza. Arrojarse al despeñadero sería una solución para el drama que vivía. A final de cuentas ya estaba condenada.

Su mente viajó al pasado. Se imaginó en el balcón de su casa, gritándole graciosamente al enamorado:

—¡Quítate de mi ventana, chiquillo loco. Que mi madre no te quiere, ni yo tampoco!

Eran versos que había aprendido de niña.

Ricky le respondía con los mismos versos:

—A la mañana siguiente te despertarás llorando por aquel que nunca fue tu marido ni tu novio ni tu amante. Pero sí el que más te ha querido. Con eso tengo bastante.

La insistencia de Ricky la conquistó. Fue un noviazgo turbulento. Sus padres nunca aceptaron esa relación. Tenían todos los motivos del mundo.

El joven de cabellera larga y tatuajes en los brazos no quería nada con la vida. Sin ambiciones, desperdiciaba su juventud en los bares imitando a John Travolta.

Nada había sido capaz de disuadirla de la idea de casarse con aquel muchacho rockero y sin perspectivas futuras. Llevó su proyecto adelante a pesar de los consejos y advertencias de los padres, familiares y amigos.

Las primeras semanas del matrimonio fueron maravillosas. Pero la luna de miel pronto llegó a su fin. Volvieron a la realidad de la vida cotidiana y sus ojos empezaron a abrirse a las diferencias abismales que había entre ambos. Ella, una abogada que crecía profesionalmente en un poderoso despacho multinacional. Él, un hombre sin objetivos. Escondía sus fracasos detrás de la palabra destino.

Ricky pasaba horas en los bares bajo la disculpa de que estaba buscando empleo. No aportaba dinero. Nunca pudo abandonar la bebida. En los últimos meses, Lucía había percibido que su esposo usaba drogas.

En poco tiempo el matrimonio se desmoronó. Cualquier mujer tendría razón suficiente para poner punto final a una relación sin pie ni cabeza como aquella. Lucía, no. Ella creía que el matrimonio era una vez y para siempre. Tenía convicciones religiosas profundas. Era consciente del error que había cometido y estaba dispuesta a cargar las consecuencias hasta el fin de sus días.

Aquella noche, sentada en la roca oyendo el bramido del mar, su corazón se llenó de indignación. Recordar cada detalle de su vida la encolerizaba. No era justo lo que su esposo había hecho con ella. Que él viviera como quería y muriese por eso, sería la recompensa justa de sus acciones equivocadas y su vida libertina. Pero no tenía derecho a contagiarla. Se puso a llorar mirando el mar. Se quedó muchas horas allí, haciendo un recorrido mental de sus 25 años de matrimonio.

* * *

Eran quizá las dos de la mañana cuando llegó a casa. Entró dispuesta a terminar esa relación enfermiza. Ricky estaba despierto en la sala, aguardando la llegada de su esposa. La vio entrar. Notó en sus ojos una mirada de fuego. Se asustó. Nunca la había visto así. Ricky sabía desde un mes atrás que estaba enfermo. Lo había mantenido en secreto. Por eso insistió que Lucía visitara al médico.

La demora de la esposa aquella noche significaba que ella había descubierto la verdad. Tenía miedo. No sabía cómo reaccionaría ella.

Al verla entrar se arrojó a sus pies:

—Perdóname querida. Destruí tu vida.

Aquello fue la última gota. ¿Él pensaba que con decir perdóname estaba todo resuelto? Lucía tuvo asco de aquel hombre. Desprecio. Odio. Empezó a decir cosas que nunca pensó decir. Cuanto más él lloraba y pedía perdón, más lo odiaba.

Discutieron terriblemente. Mejor dicho, ella gritó cosas feas. Como si quisiese expulsar con sus palabras el maldito virus que corría en su sangre.

Súbitamente lo vio todo oscuro. Perdió la noción de las cosas. Entró al cuarto. Tomó el revolver que guardaba en la cómoda y disparó seis tiros contra Ricky. Después salió a deambular en la oscuridad de la noche.

Al amanecer, estaba nuevamente sentada en la misma roca, frente al mar. Fue allí donde la policía la arrestó.

* * *

Los meses siguientes fueron dolorosos. No permaneció mucho tiempo en la prisión, pero el proceso judicial que enfrentó fue un desgaste desmedido. Su salud quebrantada era uno de los muchos problemas que se levantaban como montañas intransitables delante de ella. El peso de la culpa la abrumaba. Tenía pesadillas terribles. No le restaban fuerzas para luchar contra las enfermedades oportunistas que aprovechaban sus defensas desestabilizadas.

Fue en esas circunstancias que llegó a ella la Palabra de Dios. Su primer contacto con la Biblia fue en la prisión.

Una madrugada oía la radio en su celda cuando me escuchó predicar acerca de María Magdalena.

María fue arrastrada un día por los hombres de la ciudad para ser apedreada. Había sido encontrada en flagrante adulterio. No tenía salida. Desde el punto de vista humano estaba todo perdido para ella. Pero la gran necesidad del hombre es la oportunidad de Dios. Jesús la miró con amor y le dijo: "Yo no te condeno. Vete y no peques más" (S. Juan 8:11).

Aquello la impresionó y tocó sus sentimientos que parecían adormecidos. Al día siguiente Lucía consiguió una Biblia y la empezó a estudiar.

Cuando salió de la prisión continuó su estudio del Libro sagrado. Un día conoció a Ricardo. Él era un profundo conocedor de la Biblia y se ofreció para estudiar junto a ella. La mujer condenada a muerte por la enfermedad descubrió verdades extraordinarias a medida que los días pasaban.

Junio se aproximaba y tendría la primera audiencia con el juez. El fiscal ya había dicho que pediría la pena máxima para ella. Su abogado defensor trataba de calmarla y le decía: "El juez va a tener en cuenta el hecho de que cometiste el crimen en profundo estado de alteración emocional".

Sin embargo, el temor estaba presente cada minuto que pasaba. Miraba al futuro sin perspectivas. Aunque saliese bien del juicio sabía que sus días estaban contados. La ciencia no tenía un remedio para su mal.

* * *

Cierta noche, mientras estudiaba la Biblia con Ricardo, abordaron el tema del juicio que enfrentaría en pocos días.

—¿Sabías que la Biblia también habla de un juicio? —preguntó Ricardo.

—Yo sé —respondió Lucía—. Sé que todos enfrentaremos el juicio final y tengo miedo por lo que hice.

—No necesitas temer —la consoló Ricardo—. Jesús está dispuesto a ser tu abogado defensor y él nunca perdió un proceso. Pero yo no te estoy hablando del juicio final que tendrá lugar cuando Jesús vuelva. En ese día en realidad se ejecutará la sentencia del juicio. Los justos recibirán la vida eterna y los incrédulos morirán. Sólo que antes de la ejecución de la pena debe existir un juicio investigador en el que sean analizados los casos uno por uno.

—¿Quieres decir que hay un juicio antes de que Jesús venga?

—Exactamente. Mira lo que dice la Biblia: "Por cuanto ha establecido un día en el cual juzgará al mundo con justicia" (Hechos 17:31).

San Pablo agrega: "Porque es necesario que todos nosotros comparezcamos ante el tribunal de Cristo, para que cada uno reciba según lo que haya hecho mientras estaba en el cuerpo, sea bueno o sea malo" (2 Corintios 5:10).

—¿Cuándo ocurrirá ese juicio? —preguntó Lucía— Yo creo que si nuestro destino eterno está en juego deberíamos saber la fecha.

—Sí —dijo Ricardo—. Dios nos reveló la fecha aunque no todas las personas lo saben. Esta revelación está en la Biblia. Sólo los que la estudian con humildad pueden entenderla.

—¿Podrías explicarme cómo es eso?

—Claro —respondió el instructor—. Te voy a leer otro texto bíblico: "Vi volar por en medio del cielo a otro ángel, que tenía el evangelio eterno para predicarlo a los moradores de la tierra, a toda nación, tribu, lengua y pueblo, diciendo a gran voz: Temed a dios, y dadle gloria, porque la hora de su juicio ha llegado" (Apocalipsis 14:6, 7).

—¿La hora de su juicio ha llegado? —quiso saber Lucía.

—Sí, ya llegó.

—¿Quiere decir que en este momento ya estamos siendo juzgados?

—Exactamente.

—Pero, ¿cómo?

—Veamos. Este versículo que leímos está en Apocalipsis, el último libro de la Biblia. El libro de Apocalipsis sólo puede ser entendido a la luz del Antiguo Testamento. Por lo tanto, para saber cuándo comienza el juicio, es necesario revisar la historia de Israel, que era el pueblo de Dios en el Antiguo Testamento.

—¿Existe alguna fecha para la realización del juicio en Israel?— indagó Lucía.

—Israel tenía un día especial llamado el Día de la Expiación. Los judíos celebran hasta hoy esa ceremonia. La llaman *Yom Kippur*. Literalmente quiere decir "día del perdón" o "día del juicio".

En ese día, todo israelita renovaba su consagración a Dios y confirmaba su arrepentimiento de modo que quedaba perdonado y limpio. "Porque en este día se hará expiación por vosotros, y seréis limpios de todos vuestros pecados delante de Jehová" (Levítico 16:30).

En ese día el sacerdote jefe efectuaba la purificación del Santuario, para lo cual ofrecía sacrificios de animales. Ahora, lee bien este versículo: "Fue, pues, necesario que las figuras de las cosas celestiales fuesen purificadas así; pero las cosas celestiales mismas, con mejores sacrificios que estos. Porque no entró Cristo en el santuario hecho de mano, figura del verdadero, sino en el cielo mismo para presentarse ahora por nosotros ante Dios" (Hebreos 9:23, 24).

—Si analizas cuidadosamente esta declaración bíblica, llegarás a la conclusión lógica de que existe un santuario en el cielo. El santuario de Israel en la tierra era sólo una figura del verdadero Santuario que está en los cielos.

—Esto es sorprendente. Yo nunca imaginé que hubiese un santuario en el cielo —afirmó Lucía intrigada.

—Es sorprendente para mucha gente. Pero la Biblia es clara. Hay un santuario en el cielo. Ahora piensa, Lucía, si el día de la purificación del santuario de Israel era un día de juicio para los israelitas, está claro que el día de la purificación del santuario del cielo es el día del juicio de la humanidad.

—Dime Ricardo, ¿la Biblia menciona el día de la purificación del santuario del cielo?

—Claro —afirmó Ricardo—, y lo fascinante es que si descubrimos este día, habremos encontrado la fecha del comienzo del juicio de este mundo.

—¿Pero dónde está esa fecha? Muéstrame. Quiero ver —preguntó Lucía con extrema curiosidad.

Ricardo buscó el libro del profeta Daniel:

—"Y él dijo: Hasta dos mil trescientas tardes y mañanas; luego el santuario será purificado" (Daniel 8:14).

—Espera un poco —intervino Lucía con un aire de duda—. ¿Cómo sabes que este versículo está hablando del santuario del cielo?

—Es sencillo. La purificación del santuario de Israel se realizaba una vez por año. Todos los años. Pero aquí se está hablando de una única purificación. "Porque no entró Cristo en el santuario hecho de mano, figura del verdadero, sino en el cielo mismo para presentarse ahora por nosotros ante Dios; y no para ofrecerse muchas veces, como entra el sumo sacerdote en el Lugar Santísimo cada año con sangre ajena. De otra manera le hubiera sido necesario padecer muchas veces desde el principio del mundo; pero ahora, en la consumación de los siglos, se presentó una vez para siempre por el sacrificio de sí mismo para quitar de en medio el pecado" (Hebreos 9:24-26).

—Realmente —asintió la mujer— veo que aquí se está hablando de una única purificación y sin duda es la del santuario del cielo.

—Volvamos a la profecía de Daniel donde se dice que después de 2.300 tardes y mañanas el santuario sería purificado. Si descubrimos cuándo termina esta profecía habremos descubierto el día de la purificación del Santuario celestial, o sea, el día en que empezó el juicio de la raza humana.

—Esto es fascinante —respondió Lucía y después preguntó—: ¿Podrías enseñarme esta profecía?

—Los estudiosos de las profecías bíblicas —contestó Ricardo —saben que en lenguaje profético, un día equivale a un año (ver Números 14:34; Ezequiel 4:4-6). En otras palabras, esta profecía se refiere a 2.300 años. Para saber cuándo termina este período es necesario saber cuándo comienza.

Esta profecía se la reveló a Daniel con la siguiente advertencia: "La visión de las tardes y mañanas que se ha referido es verdadera; y tú guarda la visión, porque es para muchos días" (Daniel 8:26). Y el profeta añade: "Yo Daniel quedé quebrantado, y estuve enfermo algunos días... pero estaba espantado a causa de la visión, y no la entendía" (Daniel 8:27).

Daniel sigue diciendo que oró pidiéndole a Dios que le revelara el significado de la profecía y que, como consecuencia de eso, el ángel se le presentó nuevamente y le dijo: "Al principio de tus ruegos fue dada la orden, y yo he venido para enseñártela, porque tú eres muy amado. Entiende, pues, la orden, y entiende la visión... Sabe, pues, y entiende, que desde la salida de la orden para restaurar y edificar a Jerusalén hasta el Mesías Príncipe, habrá siete semanas, y sesenta y dos semanas... Y por otra semana confirmará el pacto con muchos; a la mitad de la semana hará cesar el sacrificio y la ofrenda..." (Daniel 9:23, 25, 27).

—Sabes, Ricardo, para serte sincera, no logro entender nada de lo que dices —se quejó Lucía.

—No te preocupes amiga, te voy a explicar. Estos versículos que acabo de leer contienen los datos necesarios para entender esta profecía. Vamos a organizar las ideas de la siguiente manera:

1. De acuerdo con lo que leímos, el período profético de los 2.300 años empieza cuando salió "la orden para restaurar y edificar Jerusalén". La historia registra que esa orden la dio el rey Artajerjes de Persia en el año 457 a.C. Éste es el año del comienzo de este período profético.

2. La profecía dice que desde el año 457 a.C. "hasta el Mesías Príncipe", o sea, hasta el bautismo de Jesús, habría "siete semanas y sesenta y dos semanas". Este total de 69 semanas, en lenguaje profético, equivale a 483 años. Contando 483 años a partir del año 457 a.C. llegamos al años 27 d.C., fecha cuando, según la historia, Jesús fue bautizado. ¿Te das cuenta que hasta aquí la profecía se ha cumplido con exactitud?

—Sí, es admirable —respondió Lucía—. Continúa.

—Bueno, vamos al siguiente punto.

3. La profecía hablaba de una semana más, o sea siete años más, que nos lleva de 27 d.C. al 34 d.C. En este año el pueblo judío apedreó a Esteban y el evangelio empezó a ser predicado a los gentiles. Con esto había terminado el tiempo asignado al pueblo judío. "Setenta semanas están determinada sobre tu pueblo" había dicho el ángel al explicarle la profecía a Daniel.

—¡Qué extraordinario! —afirmó Lucía.

—Pero hay más —siguió diciendo Ricardo.

4. La profecía afirmaba que a la mitad de esta última semana, o sea, el año 31 d.C., "hará cesar el sacrificio y la ofrenda". En otras palabras, al morir Jesús ya no serían necesarios los sacrificios de animales que Israel realizaba. La historia registra que Jesús murió exactamente en el año 31.

—¡Una vez más la profecía se cumplió de manera extraordinaria!

—Así es, hasta aquí todo se cumplió al pie de la letra. Lo

fascinante es que esta profecía fue dada a Daniel en 607 a.C. Y siglos después todo se cumplió.

—¿Y los 2.300 años? ¿Dónde están? ¿Cuándo se cumplen?

—Sigue mi razonamiento, querida, si después de las 70 semanas (483 años) seguimos computando el tiempo, concluiremos que el período de los 2.300 años termina en 1844 d.C. Quiere decir que en ese año, de acuerdo con la profecía, se purificaría el santuario celestial. Es decir, comenzaría el gran juicio de la raza humana.

—Esto es algo sorprendente y solemne. La humanidad no puede ignorar algo tan serio —reclamó la abogada.

—Así es —respondió el instructor—. No se trata sólo de algo que va a suceder en el futuro. De acuerdo con la profecía, a partir de 1844 se empezó a definir el destino de la humanidad, y millones de personas ignoran esto.

—¿Por eso en Apocalipsis aparecen los tres ángeles declarando que "la hora de su juicio ha llegado?

—Exactamente. Observa que el ángel vuela. Quiere decir que su mensaje es urgente. El vuelo implica rapidez. No hay tiempo que perder. Observa también que el mensaje se da en voz alta. No puede ser ignorado por más tiempo. Es necesario que se lo pregone en toda la tierra, en beneficio de todos los seres humanos.

—Mira, Ricardo, yo siempre pensé que el juicio tenía que ver con las plagas y catástrofes que acontecerán antes de la venida de Cristo.

—Hay mucha gente que piensa así —respondió el joven instructor —. Sólo que esas plagas son parte de la sentencia. Son el resultado del juicio y no el juicio mismo. El juicio es el proceso durante el cual se ventila el caso: Hay un juez, un abogado, un fiscal, testigos y pruebas. Observa de qué manera describe el profeta Daniel la escena del juicio celestial: "Estuve mirando hasta que fueron puestos tronos, y se sentó un Anciano de días, cuyo vestido era blanco como la nieve, y el pelo de su cabeza como lana limpia… Un río de fuego procedía y salía de delante de él; millares de millares le servían, y millones de millones asistían delante de él; el Juez se sentó, y los libros fueron abiertos" (Daniel 7:9, 10).

* * *

A estas alturas de la conversación Lucía tenía los ojos llenos de lágrimas. En su corazón había una mezcla de sentimientos: Tristeza, alegría, sorpresa, fascinación, admiración y una leve pizca de temor nublaba la euforia de su descubrimiento.

Este estudio les había tomado casi dos horas. Durante ese tiempo, sumergida en las maravillosas verdades bíblicas que estaba aprendiendo, se había olvidado completamente de su drama. Ella estaba delante de un juicio en esta tierra. Tendría que rendir cuentas delante de la justicia humana por el crimen que había cometido.

Es verdad que el estudio de la Biblia le infundía paz. Tenía la seguridad del perdón divino. Pero continuaba siendo un ser humano, y el temor tocaba constantemente la puerta de su corazón.

Ricardo notó la tristeza que flotaba encima de ella, como una nube que anunciaba lluvia y le leyó otro versículo para animarla.

—Mira esta promesa —le dijo—. "Hijitos míos, estas cosas os escribo para que no pequéis; y si alguno hubiere pecado, abogado tenemos para con el Padre, a Jesucristo el justo" (1 Juan 2:1).

—Gracias Ricardo —balbuceó la mujer, mientras trataba inútilmente de esconder una lágrima.

—Jesús es tu abogado. ¿Crees en eso? ¿Quieres confiarle tu caso? Con Dios las cosas ya están arregladas. De los hombres no tienes por qué temer. Si Jesús está a tu lado, aunque pases por las aguas no te mojarás.

Aquella tarde ambos se arrodillaron. Mientras Ricardo oraba, Lucía sintió que una mano invisible tocaba su cabeza. Sintió un fuego que ardía en sus huesos. Después, un sentimiento de paz y perdón inundó todo su ser.

* * *

En la primera instancia, Lucía fue condenada a varios años de prisión. Su abogado apeló a la Corte superior de justicia. Continuaba en libertad esperando el nuevo juicio. Nunca compareció.

Llegó una noche al hospital víctima de una neumonía. Una simple gripe tuvo complicaciones nefastas.

Recibió la visita de amigos y familiares, todos tratando de animarla. La paz que inundaba su corazón era tan grande que los que la visitaban salían animados.

—¿Qué sucedió contigo? —le preguntó una amiga, al verla tan optimista.

—He encontrado a Jesús —decía sonriendo.

Los días siguientes se fue apagando lentamente.

Había amado a la persona equivocada. Como resultado de esa triste decisión escribió en la penúltima página de su historia un crimen grotesco.

Lo que realmente cuenta es que concluyó su historia con la última página llena de arrepentimiento, confesión y perdón.

Antes de perder la conciencia le dijo al pastor:

—Veo a Dios sentado en su trono. Ángeles vestidos de blanco le sirven. El libro está abierto y Jesús escribe con su sangre: "Lucía, mi querida hija: ABSUELTA".

* * *

Sueño. En mi sueño camino por las calles de la Nueva Jerusalén. Estoy deslumbrado. Emocionado. Mi corazón rebosa de gratitud a Dios. No merezco nada pero estoy allí, sólo por su gracia. Jamás tendré palabras para decirle a Jesús todo lo que siento.

De repente se aproxima a mí una señora vestida de blanco, con una corona de victoria en su frente. El brillo de sus ojos es el brillo de los redimidos.

Me abraza y dice:

—Gracias por hablarme de Jesús en aquella madrugada, a través de la radio en la prisión.

—No sé quién es. Nunca la vi. Ella se presenta. Es otra de las conquistas del amor de Dios. Es simplemente Lucía.

# Un enemigo vencido

Aquel grito penetró en la selva como una puñalada. Después, en el silencio de la noche, no se escuchó más que el ruido de los insectos, semejante a rumor de tragedia. Toda la aldea se había despertado. Rostros curiosos asomaban desde las chozas con una pregunta: ¿Qué fue aquello?

Como respuesta, se volvió a escuchar el grito desgarrador, espeluznante. Esta vez los habitantes de la aldea se dirigieron al lugar de donde provenía el grito.

Al pie de un viejo tronco, Alfredo se revolcaba como poseído por mil demonios. Rostro desencajado, ojos desorbitados, boca espumante. El indio se mordía los labios. Un ataque de epilepsia, a simple vista. La verdad era otra.

Todo había empezado una noche en que Alfredo no podía dormir. Acababa de tener una de las peores discusiones con su esposa desde el día en que ella empezara a frecuentar las reuniones de estudio de la Biblia. Se sentía triste y preocupado. Él era el tipo de hombre que se empeñaba en conservar las tradiciones de su pueblo. Se embriagaba bebiendo *masato*.[1] Masticaba hojas de coca que le servían de estimulantes para las jornadas de cacería en la selva y para los ritos misteriosos que realizaba. Le fascinaba cazar. Era el hechicero de la aldea.

Los miembros de la tribu a la cual pertenecía eran supersticiosos. Adoraban a los astros, a los pájaros, a las sombras. A cualquier cosa que les inspirase temor. Adornaban sus cultos con ritos que infundían miedo, dirigidos por el hechicero, sanguinario y despiadado.

Para él, nada significaba la vida de los otros. Cuando su dedo acusador se levantaba apuntando al "culpable", la situación del miserable se tornaba irreversible. Moría victima del salvajismo de sus propios hermanos. Ellos sabían que mañana podían estar en la misma situación, pero nada podían hacer para evitar la tragedia.

Alfredo, como hechicero, era temido.

¡No! Él no permitiría que su esposa continuase frecuentando aquellas reuniones. Los que estudiaban la Biblia eran gente extraña. ¿Cómo podían vivir de esa manera? No bebían, no masticaban coca, no participaban de las ceremonias religiosas de su aldea. Si su esposa continuaba estudiando la Biblia, le traería muchos problemas.

Alfredo no creía en la Biblia. Años atrás un gran número de miembros de su tribu se había convertido al evangelio por un "gringo" que llegó de Norteamérica. Su padre nunca había creído en esas cosas. Alfredo había heredado esa incredulidad. Continuaba con sus trabajos de hechicería. No conocía el poder de Dios para transformar vidas. Era incapaz de imaginar las maravillas que el Señor realiza para impresionar los corazones más duros.

Un día de sol esplendoroso, el hechicero de cuerpo rígido, lleno de músculos, se puso a descansar en una roca con las piernas cruzadas, contemplando el paisaje impresionante que tenía delante de sus ojos. Aquel cuadro parecía un arco iris que penetraba cada rincón de la naturaleza. Abajo, el verde intenso del río y de los árboles. Encima, el azul claro del cielo y el blanco de las pocas nubes. Mariposas y flores completaban la explosión de colores en aquella acuarela natural.

Alfredo había contemplado esa escena muchas veces. Esta vez lo hacía con un sentimiento especial. Con el sentimiento de alguien que amaba lo que tenía a su alrededor. Un torrente de emoción se apoderó de su alma:

—¡Querida selva! ¡Querido cielo! ¡Querido río!

Pero, no todo era querido.

—¡Malditos protestantes!

Una serie de luchas y conflictos familiares desfilaron por su mente. Aquella misma mañana había agredido a su esposa porque la vio con la Biblia en la mano.

—¡Malditos protestantes! —dijo con fuerza, mientras con el rostro enrojecido de rabia, envolvía un cigarro.

Casi no movía un músculo, a no ser las manos. Encendió el cigarro y fumó en silencio.

El valle parecía inalterable bajo el sol escaldante. El sol también continuaba inalterable sobre el valle. Nada cambiaba en el rostro hermoso de la selva. Sólo los seres humanos cambiaban. Su esposa estaba cambiando. Había cambiado mucho últimamente.

—¡Malditos protestantes!

Ellos eran los culpables de todo. Su corazón estaba lleno de rencor. Durante años había sido un hombre temido y respetado por la aldea. Ahora estaba perdiendo su autoridad. ¿Por qué tenían que haber aparecido esas personas con la Biblia?

El sol de aquel día todavía no se había puesto en el horizonte. De vez en cuando las aguas eran agitadas por pequeñas lanchas de motor que surcaban el río con pasajeros.

Repentinamente Alfredo fue sorprendido por un ruido escandaloso y muchos gritos desesperados. Una lancha había chocado contra una roca y se estaba hundiendo. Los que sabían nadar trataban de alcanzar la orilla. Algunas mujeres y niños luchaban desesperadamente para sobrevivir.

Varios nativos que estaban en los alrededores ayudaron a rescatar a los náufragos. Después, ellos corrieron por la margen del río para ver si era posible rescatar otras víctimas. Los gritos continuaban.

En los ríos de la selva, cuando una persona desaparece en las aguas, reaparece unos metros más abajo. Alfredo tenía los ojos fijos en el drama. No perdía un detalle.

A lo lejos, vio flotar un objeto negro. Podría ser la cabeza de alguien. Nadó en esa dirección sin titubear. Con brazadas firmes, abriéndose camino entre las aguas, alcanzó el objeto. Era un libro. Lo agarró y nadó hacía la orilla.

Al salir del río, percibió que era una Biblia, el libro que más problemas le había traído y que él odiaba. Quedó parado por unos segundos sin saber lo que haría. Pensó: "¿Cómo pudo flotar este libro?"

Algún pasajero la llevaba consigo. Todos los objetos sólidos se habían hundido. Sólo la Biblia había flotado.

Al llegar la noche, el hechicero salió al patio de la aldea. Contempló el cielo. La brisa fresca de la selva acariciaba su rostro. Respiró hondo. Nunca antes la noche le había parecido tan hermosa. El ruido de los insectos en el interior de la selva parecía un fondo musical para sus momentos de introspección. Le perturbaba lo que había sucedido aquella tarde. Miraba una y otra vez la Biblia que había rescatado de las aguas ¿Por qué no se había hundido? ¿Qué es lo que Dios le estaba diciendo?

Los indios son supersticiosos. Temen lo desconocido. Se asustan con lo que no logran entender. Los sentimientos de Alfredo estaban conturbados. Algo de misterioso había en ese libro. La única manera de saberlo sería estudiarlo.

El orgullo se levantó como una muralla inexpugnable delante de él. Estudiar la Biblia sería reconocer que él estaba equivocado, y su esposa en lo correcto. No. Él nunca admitiría eso. Él odiaba a los que estudiaban la Biblia.

A lo largo de mi vida he encontrado personas como Alfredo. Sienten la voz de Dios tocando la puerta de su corazón pero se endurecen por causa del orgullo y el prejuicio. Sin embargo, Dios las ama y dice: "Con amor eterno te he amado; por tanto, te prolongué mi misericordia" (Jeremías 31:3).

La misericordia divina fue paciente con Alfredo. Era un hombre en conflicto. Toda su vida había trabajado sinceramente para sus dioses. Pero un día se confrontó con la Biblia. Descubrió en ella al único Dios, creador del cielo y de la tierra. Empezó a ver a sus dioses demasiado pequeños delante del Creador del universo. Su mente se transformó en un remolino de frustraciones.

No era fácil aceptar lo que la Biblia decía: "Los cielos cuentan la gloria de Dios, y el firmamento anuncia la obra de sus manos" (Salmo 19:1). "Levantad en alto vuestros ojos, y mirad quién creó estas cosas; él saca y cuenta su ejército; a todas llama por sus nombres; ninguna faltará; tal es la grandeza de su fuerza, y el poder de su dominio" (Isaías 40:26).

¿Cómo podía él mirar aquel cielo esplendoroso de la selva y no aceptar que existía un Dios que había creado todas las cosas que él consideraba dioses, como la lluvia, el sol y las estrellas?

No resultaba fácil aceptar la soberanía de ese Dios ni renunciar a todo lo que había creído a lo largo de su vida. Al estudiar la Biblia sentía que sus ideas se venían abajo.

Entonces surgió en su corazón un conflicto aterrador. Una angustia hiriente. Pesadillas horribles, que terminaron aquella noche cuando, contra su voluntad, fue sacado por manos invisibles de su choza y percibió horrorizado su triste realidad. Él nunca había servido a los dioses, jamás había sido útil a nadie. Él era simplemente un esclavo de *Camari*.[2]

Oyó la carcajada del diablo en la oscuridad. Notó que muchos ojos lo miraban con saña. El aleteo de los murciélagos en sus oídos empezó a enloquecerlo.

Él no era ningún cobarde. Jamás le había temido a las sombras ni a la noche. Ahora se sentía solo, terriblemente solo, y comenzó a desesperarse, a sentir falta de aire. Se daba cuenta que había ido demasiado lejos. *Camari* no estaba dispuesto a dejarlo ir.

San Pablo afirma: "Porque no tenemos lucha contra sangre y carne, sino contra principados, contra potestades, contra los gobernadores de las tinieblas de este siglo, contra huestes espirituales de maldad en las regiones celestes" (Efesios 6:12).

Existen "huestes espirituales" dispuestas a destruir la vida de la persona que decide seguir a Jesús. Lo hacen de muchas maneras. En ocasiones toman posesión de personas frágiles emocionalmente, como en el caso de Alfredo. Otras veces se valen de los hábitos y vicios para esclavizar a quien desea correr en dirección de Jesús. Cuando nada de eso les da resultado, son capaces de provocar persecución. Cualquier método vale para alcanzar su propósito de mantener a las personas alejadas de Dios.

El apóstol Pedro aconseja: "Sed sobrios, y velad; porque vuestro adversario el diablo, como león rugiente, anda alrededor buscando a quien devorar" (1 Pedro 5:8).

Si tu conoces la Palabra de Dios y andas a ciegas, en realidad el enemigo no tiene por qué molestarte. A final de cuentas, sin Cristo ya te diriges hacia la muerte eterna. Pero el día que decidas seguir a Jesús, verás cómo la ira de Satanás se desatará contra ti. Por eso Pedro aconseja: "¡Velad!" y Pablo añade: "Por lo demás, hermanos míos, fortaleceos en el Señor, y en el poder de su fuerza. Vestíos de toda la armadura de Dios, para que podáis estar firmes contra las asechanzas del diablo" (Efesios 6:10, 11).

El acto de vestirse demanda tiempo. Nadie se viste en un segundo. Cuando Pablo aconseja vestirse de toda la armadura de Dios, se está refiriendo al hecho de pasar tiempo con Dios mediante el estudio diario de la Biblia y de la oración. El enemigo puede hacer lo que quiera para destruir tu vida, pero si te encuentra vestido de la armadura divina, tendrá que retirarse.

* * *

Cuando las personas vieron aquella noche a Alfredo debatiéndose contra las fuerzas del enemigo, se arrodillaron y empezaron a clamar a Dios. Hay poder en Jesucristo.

El enemigo ya luchó muchas veces contra Jesús y fue derrotado. La primera vez fue en el cielo. San Juan describe esa batalla de la siguiente manera: "Después hubo una gran batalla en el cielo: Miguel y sus ángeles luchaban contra el dragón; y luchaban el dragón y sus ángeles; pero no prevalecieron, ni se halló ya lugar para ellos en el cielo. Y fue lanzado fuera el gran dragón, la serpiente antigua, que se llama diablo y Satanás, el cual engaña al mundo entero; fue arrojado a la tierra, y sus ángeles fueron arrojados con él" (Apocalipsis 12:7-9).

A la luz de este texto, el enemigo perdió la primera batalla. Fue arrojado del cielo y en esta tierra se dedicó a engañar. Éstas son las principales armas del enemigo: Engaño, seducción, mentira. El siente pavor de la verdad. Sin embargo, Jesús vino a este mundo y Juan dice que: "En él estaba la vida y la vida era la luz de los hombres. La luz en las tinieblas resplandece, y las tinieblas no prevalecieron contra ella" (S. Juan 1:4, 5).

La primera ambición del enemigo fue vencida allá en el cielo, pero no se dio por derrotado. Cuando Jesús nació de la virgen María, era el Dios encarnado en la persona de un bebé. Al ver la fragilidad de un ser recién nacido, el enemigo intentó por segunda vez derrotar a Jesús. Entró al corazón de Herodes y le hizo firmar un decreto de muerte. El ángel del Señor se presentó esa noche a José y le dijo: "Levántate y toma al niño y a su madre, y huye a Egipto, y permanece allá hasta que yo te diga; porque acontecerá que Herodes buscará al niño para matarlo" (S. Mateo 2:13).

José obedeció la orden divina. Huyó hacia Egipto. Herodes ordenó matar a todos los niños, pero Jesús estaba a salvo. El enemigo tuvo que tragar de nuevo sus intenciones de victoria.

Una vez más Satanás estaba derrotado. Sus malévolas intenciones habían fracasado. Jesús había salido victorioso. Pero el enemigo no desiste y ataca por tercera vez. Esta vez encontró a Jesús en el desierto, débil físicamente después de 40 días de ayuno. El diablo pensó que ésta era su gran oportunidad. En su intento de derrotar a Jesús, utilizó el arma de la tentación. Nuevamente salió derrotado. Jesús venció la tercera batalla.

¿Qué más podría hacer para ver a Jesús destruido? Lo atacó de nuevo. Ahora entró a los corazones de las autoridades políticas y religiosas de los tiempos de Cristo. Estos condenaron a Jesús. Ahora sí, no tendría escapatoria. Moriría irremediablemente.

El viernes de tarde cuando Jesús expiró en la cruz del Calvario, Satanás pensó que había logrado su objetivo. Finalmente Jesús estaba vencido. Su cuerpo fue colocado en una tumba fría. Aparentemente estaba destruido. En el universo entero se oyó la carcajada diabólica de victoria. Sombras de muerte envolvieron la tierra.

Sin embargo, al tercer día la alegría del enemigo se esfumó. La sonrisa siniestra desapareció de su rostro. La tumba se abrió y la muerte tuvo que dar paso a la vida. Jesús acababa de dar la estocada final en el corazón del señor de las tinieblas.

A partir de ese momento el diablo no tendría más el derecho de destruir vidas. Estaba definitivamente derrotado. Jesús había vencido. Esa victoria está ahora a disposición de todos los que creen en su nombre.

* * *

Aquella noche en la selva peruana los nativos se arrodillaron en torno al cuerpo trémulo de Alfredo. El espectáculo aterrorizaba. Alfredo gritaba desgarradoramente. Los creyentes reclamaban la victoria de Cristo en la cruz, confirmada con su resurrección. Era la lucha milenaria.

El enemigo tembló. En los estertores de la muerte, tomó el cuerpo del hechicero y lo arrojó contra un árbol. La cabeza de Alfredo empezó a sangrar. Rugía como una bestia herida. No era Alfredo. Era el enemigo. Sabía que su hora final había llegado. Los nativos creyentes continuaban cantando y orando. Era un momento crucial. Las personas tenían la impresión de estar en el cuadrilátero de los tiempos. Era un escenario de la batalla entre el bien y el mal.

Alfredo deseaba ser libertado, pero había una fuerza descomunal que dominaba su cuerpo. En la penumbra de sus pensamientos confundidos, el hechicero pronunció el nombre de Jesús. El enemigo dio el último grito espeluznante, pero inmediatamente lo dejó. El hombre cayó al suelo exhausto, lánguido. Sudaba frío y temblaba. A pesar de eso, se arrodilló y, levantando los ojos al cielo, agradeció el poder liberador de Jesucristo.

La victoria del cristiano sobre las fuerzas del mal no es una utopía ni un simple deseo. Es segura. Todas las veces que el enemigo enfrentó a Jesús fue derrotado. Por eso Santiago dice: "Someteos, pues, a Dios; resistid al diablo, y huirá de vosotros" (Santiago 4:7).

El enemigo tienta. A final de cuentas es lo que más placer le da. Usa todas las armas, métodos y estrategias, pero no puede vencerte. Para eso, necesita tu consentimiento. Si tú no aceptas sus seducciones tendrá que dar la media vuelta y volver por el mismo camino que vino, llevando consigo todas sus tentaciones.

El enemigo hoy es un enemigo vencido. Tú no tienes por qué ser vencido por un enemigo derrotado. Apodérate con fe de la victoria de Jesús. No tengas miedo de decidir. No temas salir de las tinieblas hacia la maravillosa luz de Cristo. No permitas que los preconceptos dominen tu vida al punto de hacer que la tradición sea más fuerte que el llamado del Espíritu Santo.

Hoy es el día. Ahora es el momento. El señor Jesucristo está ahí delante de ti con los brazos abiertos, dispuesto a recibirte y hacer de ti una nueva criatura.

Si Alfredo, en esa noche tenebrosa, no hubiese clamado a Jesús, tal vez hubiese muerto en las garras del enemigo, condenado a una muerte eterna. Él creyó, aceptó y fue salvo.

\* \* \*

Hacía mucho calor aquella tarde en el interior de la selva. Abriéndome paso con un machete, seguí mi camino. Ya iba a oscurecer. El sol agonizaba a lo lejos. Me sentía cansado. Había caminado cerca de cinco horas. Estaba sediento y con hambre.

Cuando llegué a la aldea, los nativos corrieron a darme la bienvenida. Después de los saludos me llevaron a la choza de la familia que me hospedaría durante esos días.

A la hora de la cena, Raquel, la esposa de mi anfitrión, sirvió un delicioso caldo de pescado y yuca asada. Me senté a la mesa. Delante de mí, ocupó su lugar un anciano de cabellos blancos y largos. Su rostro estaba marcado con cicatrices provocadas por las tradiciones de su vida pasada.

—Haga la oración, pastor —me dijo con su voz tranquila. Lo miré con admiración. Ya conocía su historia. Era una muestra viva del poder liberador de Cristo. Era simplemente Alfredo.

---

[1]Bebida alcohólica proveniente de la yuca fermentada.

[2]Diablo en el idioma campa.